Heinrich
Bücker

Das Lachen der Christen

Heiteres – nicht nur zu Karneval

Bibliografische Information der Deutschen Nationalbibliothek
Die Deutsche Bibliothek verzeichnet diese Publikation in der Deutschen Nationalbibliografie; detaillierte bibliografische Daten sind im Internet über http://dnb.dnb.de abrufbar.

ISBN 978-3-944974-30-9
1. Auflage 2018
© 2018 by **dialog**verlag Münster

Gesamtherstellung: **dialog**verlag Münster

Titelgrafik
© Universitäts- und Landesbibliothek Münster, N. Schöpper B 14,103

Porträt
© Günter Nübel

Inhalt

Vorwort

Sie werden lachen: Ausgehend von der Gewissheit, dass mein Leben auf Erden nicht endlos ist, habe ich den Text meiner Todesanzeige selber formuliert. Ich habe einen Satz aus der Bibel als Überschrift gewählt. Er ist aus dem Psalm 2 und lautet: „Der im Himmel thront, lacht."

Ja, ich habe es mit dem Lachen. Das führe ich aber nicht nur auf mein Naturell zurück. Es hat vielmehr mit dem Glauben zu tun.

Christen haben allen Grund zum Lachen, weil ihnen am Ende das Lachen nicht vergeht. Der Glaube an die Auferstehung lässt uns selbst angesichts des Todes auf eine glückliche Zukunft hoffen.

Ein Christ kann es sich erlauben, über den Tod zu lachen, weil er uns nichts wirklich Dramatisches anhaben kann. „Ein Spott aus dem Tod ist worden", sagt Martin Luther.

Das Osterlachen der Christen, das in der Neuzeit leider aus der Mode gekommen ist, zeugt noch von der unbändigen Freude der Christen. Als Priester habe ich immer wieder Lust verspürt, die Menschen, denen ich die Frohe Botschaft verkündige, mit meinem Lachen anzustecken. Vor allem die Karnevalszeit bot dazu gute Gelegenheit.

Seit Jahren halte ich Karnevalspredigten und veröffentliche sie, damit möglichst viele sich daran erfreuen. Auch dieses Buch dient diesem Zweck. Es enthält vieles, was zum Lachen Anlass gibt, nicht zuletzt auch Erlebnisse aus der Seelsorge, die ich verfremdet habe, um niemanden zu verletzen.

Ich wünsche dem Leser/der Leserin viel Spaß und Freude beim Lesen. Ich bin mir sicher: Der im Himmel thront, lacht. Es ist ein Mitlachen, aber auch ein siegreiches Lachen über alles Dunkle in der Welt.

Heinrich Bücker

Wer glaubt,
kann lachen

Das Lachen der Christen

Lachen ist gesund

Zwar sagen wir gelegentlich: „Ich lach mich krank". Das ist aber paradox, denn Lachen macht nicht krank sondern gesund. Es löst im Körper viele positive Reaktionen aus.

In Kinderkliniken werden Clowns eingesetzt, um kranke Kinder aufzumuntern, indem sie diese zum Lachen bringen.

Ein koreanisches Sprichwort sagt: „Wer einen Menschen zum Lachen bringt, tut ein gutes Werk."

Wenn Lachen so gesund ist, dann müssen sich Religionen, die sich als Heilsvermittler verstehen, die Frage gefallen lassen, ob sie das Lachen der Menschen fördern oder eher behindern.

Lachen außerhalb des Christentums

Gehen wir kurz die wichtigsten Religionen durch.

Wir finden das Lachen in der griechischen Götterwelt. Es war aber eher ein spöttisches Lachen, ein Verlachen von Göttern und Menschen als Ausdruck von Überheblichkeit.

Im Buddhismus gibt es das Lachen. Buddha wird meistens mit einem Ausdruck des Lächelns dargestellt.

Auch im Islam finden wir das Lachen, allerdings sollen die Gläubigen es nicht übertreiben. Da heißt es: „Zu viel Lachen tötet das Herz." Lautes Lachen geziemt sich für einen geistigen Führer im Islam nicht. Witze über den Islam werden als Gotteslästerung angesehen. Humorvolle Kritik am muslimischen Glauben und seinen Vertretern wird allerdings bei uns zunehmend toleriert.

Im Judentum hat das Lachen eine lange Tradition. Martin Buber bringt in seinen Chassidischen Erzählungen viele Beispiele jüdischen Humors. Im Talmud heißt es: „Gott will frohe Menschen. Der Satan will traurige." Für den Journalisten und Religionswissenschaftler Ben-Chorin war Humor eine Lebenskraft besonders in schwierigen Zeiten.

Das Lachen im Christentum

Das Lachen war im Christentum längst nicht immer eine Selbstverständlichkeit. Es gab die Auffassung, Lachen passe nicht zum christlichen Glauben. Man sprach deshalb vom „Heidenspaß".

Der Kirchenvater Hieronymus schreibt: „Solange wir im Tal der Tränen leben, gibt es nichts zu lachen." Das Lachen ist demnach für den Himmel reserviert. Tatsächlich heißt es in der Bergpredigt: „Selig, die ihr jetzt weint, denn ihr werdet lachen." (Lk 6,21).

Deutlich findet man die Abneigung der damaligen Kirche gegenüber dem Lachen in dem Roman von Umberto Eco „Im Namen der Rose".

Darin wird ein Mönch zum Mörder, um zu verhindern, dass ein Buch des vorchristlichen Philosophen Aristoteles, welches das Lachen lobt und rechtfertigt, bekannt wird.

Lachen könnte die Menschen von Angst befreien und die Gottesfurcht verhindern. Die Folge sei der Verlust des Glaubens. So gesehen war Lachen ein Teufelswerk.

Die Gegner des Lachens im Christentum wiesen immer darauf hin, dass Jesus laut Bibel geweint, aber nicht gelacht habe.

In der Bibel jedoch gibt es viele Zeugnisse für das Lachen. Dabei wird unterschieden zwischen dem triumphierenden, zweifelnden, freudigen und verheißenden Lachen.

Sogar Gott im Himmel lacht (Psalm 2,4). In der Erzählung von Abraham und Sara lesen wir, wie die beiden nicht glauben konnten, dass sie in ihrem hohen Alter noch einen Sohn bekommen würden und deshalb ungläubig lachten.

Ganz anders war ihr Lachen später, als ihnen Sohn Isaak geboren wurde. Freudig ruft Sara aus: „Gott ließ mich lachen, jeder, der davon hört, wird mit mir lachen." (Gen 21,6) Sie nennt ihren Sohn Isaak, „Gott lacht."

Auch im Neuen Testament ist immer wieder die Rede von der Freude. Schließlich bedeutet Evangelium Frohbotschaft, und die ist nun wirklich nicht zum Weinen, sondern zum fröhlichen Lachen.

Auch viele Theologen können als Befürworter des Lachens der Christen angeführt werden. Paulus forderte wiederholt zur Freude auf (Phil 4,4), Thomas von Aquin plädierte für das Lachen im Christentum. Diese Einstellung hatte auch Einfluss auf die sakrale Kunst.

Martin Luther prägte den Satz: „Wo Glaube ist, da sind Lachen und Freude."

Auch jüngere Theologen sprachen sich deutlich für das Lachen und den Humor in der Kirche aus, Mario von Galli und Karl Rahner auf der katholischen, Rudolf Bultmann, Karl Barth und Helmut Thielicke auf der evangelischen Seite.

Das Lachen Jesu

Auch wenn in der Bibel an keiner Stelle vom Lachen Jesu berichtet wird, sondern nur von zweimaligem Weinen, so ist bei Jesus doch viel Humor auszumachen. Schließlich gehört Lachen zum Menschen, und Jesus war ein echter Mensch. Auch war ihm als Jude der sprichwörtliche jüdische Humor nicht fremd. Häufig hat er mit den Menschen gefeiert, so zum Beispiel auf der Hochzeit zu Kana.

Er hat dort sicherlich nicht mit bierernstem Gesicht gesessen. In den Streitgesprächen mit den Pharisäern äußerte er sich mit viel Witz, Humor und Ironie.

Da wir Christen Jesus immer wieder als Leidenden am Kreuz sehen, besteht die Gefahr, dass uns das Lachen vergeht. Wenn wir aber bei der Betrachtung seines Todes immer auch die Auferstehung sehen, haben wir Grund zu einem österlichen Lachen.

Das Lachen der Christen

Das Lachen der Christen hat seinen tiefsten Grund im Glauben an die Auferstehung.

Von Martin Luther ist der Satz überliefert: „Ein Spott aus dem Tod ist worden." Das heißt doch, dass wir über den Tod nur lachen können, weil er durch Jesus die Macht über uns verloren hat. Im „risus paschalis", dem Ostergelächter, fand dieser Glaube lange Zeit in der Kirche seinen fröhlichen Ausdruck.

Zahlreiche Heilige sind heute noch Zeugen für ein fröhliches Lachen der Christen. Don Bosco, Theresia von Avila und Philipp Neri sind drei von ihnen.

Es ist gut, dass sich unsere Gemeinden dem Lachen der Christen nicht verschließen. So bietet der Karneval die Möglichkeit, die Verkündigung der Frohen Botschaft mit Witz, Humor und frohem Lachen zu würzen. Im Pfarrkarneval können so manche Dinge aus dem Leben der Kirche auf die Schippe genommen werden. Schließlich ist vieles auch in der Kirche nur zu ertragen, wenn man darüber lachen kann.

Wenn dann die Gottesdienste an den Faschings- bzw. Karnevalssonntagen mit gereimten Predigten humorvoll gestaltet werden, ist das sicherlich mehr als sinnvoll. In der Fastenzeit sollte anschließend die ernste Seite unseres Glaubens zum Tragen kommen, sodass es im Ganzen zu einem schönen Zusammenspiel von Lachen und Weinen kommt. Es heißt schließlich: „Alles zu seiner Zeit".

Lachen — ein Gedicht

Lachen macht gesund und munter,
macht das Leben einfach bunter.
Lachen schenkt dem Menschen Weite,
ist ein Freund an seiner Seite.

Lachen heilt, wenn einer krank
oder wenn ihm angst und bang.
Lachen schenkt dem Herzen Duft
und der Lunge frische Luft.

Lachen fördert Endorphin,
Glückshormone immerhin.
Menschen sollten öfters lachen,
leichter wären viele Sachen.

Christen haben sehr viel Grund,
sich zu freun mit Gott im Bund.
Frohe Botschaft hören sie
sonntags in der Liturgie.

Selbst ein Psalm hat kundgemacht:
Gott im Himmel droben lacht (Ps 2,4).
Isaaks Name heißt: Gott lacht,
weil er Sara Freude macht.

Auch die Heilgen waren fröhlich,
warn vor Freude einfach selig,
weil sie sich geborgen wussten
und deshalb nicht weinen mussten.

Darum lacht, ihr Christen alle,
lacht und singt mit frohem Schalle.
Gott hat jeden Menschen gern.
Darum freut euch stets im Herrn.

Das Osterlachen

Der Osterwitz

Im Mittelalter war das Osterlachen, der „risus paschalis", üblich. Der Prediger erzählte zu Ostern nach strenger Fastenzeit einen Witz, sodass die Gläubigen oft in ein schallendes Gelächter ausbrachen.

Wollten wir das auch heute praktizieren, so gäbe es sicher eine reiche Auswahl, denn an kirchlichen Witzen fehlt es nicht.

Ob das Erzählen eines Witzes an Ostern die richtige Methode wäre, um Osterfreude aufkommen zu lassen, mag dahingestellt sein. Das fröhliche Lachen zu Ostern wäre jedenfalls nicht unangebracht.

Osterfreude

Leider ist bei uns häufig von österlicher Freude nicht allzu viel zu spüren. Ganz anders ist es in den Kirchen des Ostens, wo in der Osterliturgie Alt und Jung einander fröhlich in die Arme fallen, wenn der Priester feierlich in die Menge ruft: „Christ ist erstanden, er ist wahrhaft auferstanden!" Da kommt wirklich noch Siegesstimmung auf, wie wir es sonst nur noch auf Sportplätzen erleben können. Uns geht es um Osterfreude, um das Lachen über den Tod, der uns Menschen so in Angst versetzen kann. In einem alten Osterlied heißt es: „...ein Spott aus dem Tod ist worden." Der Gläubige kann den Tod, der sich als Schreckgespenst aufplustert, eigentlich nur verlachen, denn er hat keine wirkliche Macht mehr.

Verdrängung des Todes

Dass bei uns der Osterjubel häufig fehlt, hat seine Ursache in der sehr verbreiteten Verdrängung des Todes. Uns fehlt – so der Religionswissenschaftler Ladislaus Boros – der Sinn für den gewaltigen Urvorgang des Todes.

Der Tod rührt uns oft nicht mehr. Er wird aus dem täglichen Leben verdrängt. Der Psychologe Mitscherlich spricht von der Unfähigkeit zu trauern. Die hohe Lebenserwartung durch die moderne Medizin, das Verlegen der Friedhöfe an den Rand der Stadt, die Reduzierung der Trauerkleidung, die Zunahme der anonymen Beerdigungen, das Erleben des Todes überwiegend in den Filmen, aber nicht in der Realität – all das führt dazu, dass der Tod in unserem Leben nur noch eine Nebenrolle spielt. Wenn der Tod uns aber nicht mehr rührt, dann kann man auch nicht über ihn lachen, wenn verkündigt wird, dass Jesus ihm ein Schnippchen geschlagen hat und seiner Herr geworden ist. Ohne das Entsetzen über die tödlichen Voraussetzungen unseres Daseins, ohne die Erinnerung an unabgegoltenes Leid ist an Ostern wenig Befreiendes zu entdecken. Erlöst fühlen kann sich nur, wer um das Sterben weiß und dann den Blick über das Schreckliche hinaus wagt. Wenn ich an Ostern das Straucheln des Todes sehe und glaube, dass der Tod nicht das letzte Wort hat, dann kann ich über das Schreckgespenst Tod befreiend lachen und ihn angstfrei vor Augen haben.

Ostern: mehr als ein Frühlingsfest

Viele feiern Ostern lediglich als das Erwachen der Natur, als Frühlingsfest. Sie haben Freude an den ersten frischen Blumen in den Gärten und in den Parks. Auch das lustige Eiersuchen der Kinder macht ihnen Spaß. Doch was ist eine solche Freude gegen jene, die die Überwindung des Todes zum Gegenstand hat!

Wir sollten wieder existenzieller leben, wirklichkeitsnäher. Wir sollten das Leben mit seiner ganzen Bedrohung durch den Tod sehen und uns freuen, dass gerade er seine Macht verloren hat. Es täte uns gut, wenn wir wieder mehr Osterlachen aufkommen ließen- nicht wegen eines gelungenen Witzes, sondern wegen der Tatsache, dass wirklich „ein Spott aus dem Tod ist worden." (Martin Luther)

Thomas

Der Apostel Thomas macht es richtig. Er legt die Finger in Jesu Wunden. Er rührt den Tod Jesu an und lässt sich davon anrühren. Genau in diesem Moment erfährt er in seinem Inneren, dass der Tod überwunden ist und Jesus lebt.

Nicht die Oberflächlichen, die nach dem Motto leben: „Meide den Kummer und meide den Schmerz!",werden zur echten Osterfreude gelangen, sondern diejenigen, die das Leben mit ihren dunklen Tiefen ernst nehmen und sich freuen, weil Jesus in seiner Auferstehung alle Tiefen ausgefüllt hat und alle Tode, die noch kommen, gestorben ist. Er lebt, und auch wir werden leben.

Mit dem Tod leben

Wenn der Tod zum täglichen Leben gehört, wenn ich weiß, dass er jeden Tag mit an meinem Tisch sitzt und das Sterben jederzeit eintreten kann, dann aber glaube, dass der Tod mir nichts anhaben kann, weil er das Tor zum Leben ist und ich mich nicht vor dem Verlust meines Lebens ängstigen muss, dann ist österliche Freude möglich. Leben wir also in der Gewissheit, dass der Tod uns nichts anhaben kann, damit wir in unserem Leben wirklich genug zu lachen haben.

Karnevalspredigten
bis 2030

Dreck aussieben

Endlich wieder Karneval,
Freude herrscht im Kirchensaal.
Schließlich kommt die Fastenzeit,
dann sind wir zu Ernst bereit.

Vorher aber woll'n wir lachen
und uns richtig Freude machen.
Christen sind stets frohe Leute,
weil sie nicht des Teufels Beute.

Jesus ist vom Tod erstanden,
löste uns von Todesbanden.
Das ist Grund zum Fröhlichsein,
darin stimmen wir heut' ein.

Aschermittwoch folgt dann Stille,
das ist sicher Gottes Wille.
Dann soll unser Leib verzichten
und der Geist das Gute dichten.

Vor Askese kommt Ekstase,
später dann der Osterhase.
Alles schön zu seiner Zeit,
Christen sind dazu bereit.

Heute steht in Sirachs Buch,
was den Gläubigen macht klug.
Es benutzt das Bild vom Sieben,
bei dem sehr viel Dreck geblieben.

Ja, wir Menschen machen Fehler,
Gott hat dafür einen Zähler.
Doch durch die Barmherzigkeit
ist Gott stets zur Mild' bereit.

Diese dürfen wir erbitten,
wenn durch Sünde wir gelitten.
Gott, der sehr barmherzig ist,
macht uns frei von Teufels List.

Wir sind wie die Töpferware:
Nach dem Brand sieht man das Wahre,
ob das Werk gelungen ist,
ob wir sind ein guter Christ.

Gottesfurcht ist angeraten,
jeder wirke gute Taten.
Doch nicht Angst ist dann das Beste,
glauben sollen wir ganz feste.

Bäume sind ein gutes Bild.
Treibst du es vielleicht zu wild,
dann bist du ein schlechter Baum.
Halte lieber dich im Zaum.

Karneval kannst du viel wagen,
doch nicht über Stränge schlagen.
Die Gebote gelten weiter,
sie beachten ist gescheiter.

Mancher meint, an Karneval
kann er saufen allemal
und dazu die Frauen küssen,
die das dann erleiden müssen.

Manche gehen sogar weiter,
werden einfach nicht gescheiter.
So wird Karneval zerstört.
Das ist einfach unerhört!

Witze soll man ruhig erzählen,
aber keine Zoten wählen.
Minderheiten soll man schützen
und sie nicht zum Spaß benützen.

Wichtig ist im Karneval
Lebensfreude überall.
Denkt auch an die alten Leute
und an alle Kranken heute.

Macht den Kindern tüchtig Spaß,
gebt von eurer Freude was.
Auch die Fremden schließt mit ein,
lasst sie nicht alleine sein.

Paulus sagt heut' in der Lesung,
dass am End' nicht die Verwesung
unser aller Los bestimmt.
Jesus uns im Sieg mitnimmt.

Ist das nicht ein Grund zum Jubel,
wenn in all dem Freudentrubel
unser Glaube froh mitschwingt,
Gotteslob zum Himmel klingt?

Vieles hätt' ich noch zu sagen,
manches liegt mir sehr im Magen.
Dass die Jugend sehr oft fehlt,
weil sie nicht den Kirchgang wählt.

Auch die Kinder bleiben fern,
sind nicht hier am Tag des Herrn.
Gott liebt alle Groß und Klein,
wollt ihr denn nicht dankbar sein?

Und dann noch die Politik!
Mancher frisst sich voll und dick.
Doch die Armen werden ärmer
und die Herzen nicht mehr wärmer.

Wer im Karneval sich freut
und sich später einfach scheut,
Nächstenliebe zu betreiben,
der soll mir gestohlen bleiben.

So, nun mach ich endlich Schluss,
sonst kommt euer Überdruss.
Halleluja sag ich noch
und Helau am Ende doch.

Mose haut auf die Pauke

Mose wurd zum Volk geschickt,
weil es nicht mehr richtig tickt.
Heilig sollte jeder sein,
Gott lud alle dazu ein.

Das schrieb einst Levitikus,
weil er das ja schreiben muss;
denn sonst wüssten wir es nicht,
kennten niemals unsre Pflicht.

Was für Israel einst galt,
ist auch heute nicht zu alt.
Darum sollten wir's beachten
und nach gutem Leben trachten.

Weil Gott selber heilig ist,
sei der Mensch kein Egoist,
sondern gütig wie der Herr,
denn wie er so das Gescherr.

Keiner soll den Bruder hassen,
jeder soll das lieber lassen.
Wenn dein Herz ist voller Hass,
wirst am Jüngsten Tag du blass.

Geht dein Bruder falsche Wege,
komm ihm einfach ins Gehege.
Sag ihm, was nicht richtig ist,
dass er aufhört mit dem Mist.

So bleibst du von Schulden frei
und führst Klarheit noch herbei.
Schweigen, wo das Böse fetzt,
ist aufs falsche Pferd gesetzt.

Wenn sie deine Ehre mindern,
räch dich nicht an ihren Kindern,
denn sie können nichts dafür.
Öffne ihnen deine Tür!

Deinen Nächsten sollst du lieben
und verzeihen mehr als sieben.
Gott, der Herr, hat es zu sagen,
ehre ihn an allen Tagen!

Wenn das Beten du vergessen
morgens früh und vor dem Essen,
dann erneure deinen Plan,
geh von neuem deine Bahn!

Denn wer denkt, der wird auch danken
und wird Gottes Gnade tanken.
Ohne die sind wir verloren
und am End' umsonst geboren.

In der Lesung von dem Paulus,
der zuvor genannt war Saulus,
lesen wir von Gottes Tempel,
der wir sind durch seinen Stempel.

In der Taufe ist's geschehn,
da der Heilge Geist tat wehn.
Wer den Tempel dann verdirbt,
ohne Gottes Gnade stirbt.

Halten wir uns nicht für weise,
wenn der Glaube wird zu leise.
Alle Weisheit dieser Welt
ohne Gott zusammenfällt.

Dummheit ist sie, sag ich euch,
Hirngespinst und blödes Zeug.
Wo der Glaube geht verloren,
werden Weise schnell zu Toren.

Nennt man Gläubige auch Narren,
spannt sie vor den Eselskarren,
bleib getrost und weine nicht,
du wirst lachen beim Gericht.

Wenn dich, wie Matthäus sagt,
mancher Mitmensch böse plagt,
lass es dir getrost gefallen,
Gott vergilt am Ende allen.

So sind Christen dreimal klüger
als die weisen Weltbetrüger.
Also bleiben wir dabei,
Gott schenkt dafür allerlei.

Hier wird meine Predigt enden,
weil wir uns an Gott jetzt wenden.
Lasst uns beten frei und froh,
Gott im Himmel liebt das so.

Jetzt zum Schluss sag ich Helau,
Halleluja ganz genau.
Lasst uns singen, jubeln, lachen
und dem Herrgott Freude machen!

Nicht stumm wie ein Fisch

Ihr lieben Christen, hört mir zu!
Ich lass euch heute nicht in Ruh.
Die Büttenpredigt will ich halten,
ihr müsst dazu das Hirn einschalten.

Die Menschen feiern Karneval,
man sieht die Narren überall.
Darf da die Kirche nicht mitmachen
und sich beteiligen am Lachen?

Die Botschaft Jesu ist voll Freude,
und diese wird in dem Gebäude,
das jeder von uns Kirche nennt,
verkündet, wie man es ja kennt.

Da müssen wir nicht traurig blicken,
nur Seufzer zu dem Himmel schicken.
Da dürfen wir sehr fröhlich sein,
Gott selber lädt uns dazu ein.

In Versen werde ich heut dichten,
um so die Botschaft auszurichten,
die Jesus uns gegeben hat,
damit wir gehen Gottes Pfad.

So lesen wir bei Markus heute,
wie Jesus einen Mann erfreute,
der fern von allen leben musste,
da er um seine Krankheit wusste.

Er war vom Aussatz übersät,
für jede Hoffnung schon zu spät.
Doch eilte er dem Herrn entgegen,
er tat es wohl der Heilung wegen.

Er warf sich fromm auf seine Knie
und bettelte so wie noch nie:
„Herr, wenn du willst, kannst du mich heilen,
bevor der Tod mich wird ereilen!"

Der Herr sah ihn voll Mitleid an,
berührte ihn und sagte dann:
„Ich will, sei rein, mein lieber Mann.
Ich geb dir, was ich geben kann."

Der Aussatz war sofort verschwunden,
der diesen Menschen so geschunden.
Dann sagt der Herr: „Auf Wiedersehn!"
Er sollt noch zu dem Priester geh'n.

Der führte das Gesundheitsamt
und passte auf, dass nichts verschlampt.
Die Heilung wird dort registriert,
exakt, genau und ungeniert.

Der Mann durft' keinem was erzählen,
man würde die Verfolgung wählen,
denn manche wollten Jesus töten,
weil er mit Gott half aus den Nöten.

Doch leider konnt' der Mann nicht schweigen.
Er musste einfach allen zeigen,
dass er gesund geworden war
durch Jesu Wort so wunderbar.

So musste Jesus sich verstecken
in kleinen Orten hinter Hecken.
Doch kamen dorthin ganze Scharen,
die voll von ihm begeistert waren.

Die Sach' ist heute umgekehrt:
Der Herr wird öffentlich verehrt.
Doch oft tun wir den Mund nicht auf,
die Botschaft nimmt nicht ihren Lauf.

Stattdessen reden wir von Dingen,
die schlecht und negativ nur klingen.
Was sind wir häufig doch für Narren,
dass wir in solchen Trends verharren!

Der Herr hat uns das Heil geschenkt,
hat unser Leben gut gelenkt.
Er hat befreit uns von den Sünden,
das sollten wir der Welt verkünden.

Ob Fasten- oder Narrenzeit,
ein guter Christ ist stets bereit,
den Menschen Gottes Wort zu bringen.
Dazu sollt' jeder sich aufschwingen.

Nichts gegen guten Karneval!
Humor tut gut wohl überall.
Doch sollte man bei allem Toben
auch öfters unsern Herrgott loben.

Ich fasse meine Red' zusammen
für alle, die zur Kirche kamen:
Von Aussatz hat uns Gott befreit,
von Sünde, Tod und allem Leid.

Das sollten wir den Menschen sagen
in jungen und in alten Tagen.
Verkündigung soll'n wir betreiben
und nicht wie stumme Fische bleiben.

Wir können dabei fröhlich sein,
in frohen Jubel stimmen ein.
Denn Christsein, das ist wunderbar,
es macht das Leben hell und klar.

Ich wünsch euch heut' an Karneval
viel Gottessegen überall.
Statt Amen ruf ich jetzt Helau,
es soll sich freuen Mann und Frau.

Von nix kommt nix

Liebe Schwestern, liebe Brüder,
Karneval ist heute wieder.
Überall die Narren toben,
wir sind hier, um Gott zu loben.

Doch soll'n Christen in der Zeit,
die so fröhlich sich macht breit,
traurig in der Kirche sitzen
und beim Beten Trübsal schwitzen?

Das wär nicht in Jesu Sinn,
denn er sagte immerhin,
dass mit Lachenden wir lachen
und uns so viel Freude machen.

Drum will ich Humor einschalten,
meine Büttenpredigt halten.
Frohsinn kehre bei uns ein,
so soll es bei Christen sein.

Jesus gibt heut' guten Rat,
wie ein Christ zu leben hat.
Es sind alte Weisheitssprüche,
aufgekocht in seiner Küche.

Dass ein Blinder Blinde führt,
hat man sicher nie gehört.
Alle fallen in den Graben,
weil sie blinde Augen haben.

Ähnlich ist es bei uns Christen,
wenn wir steh'n nur in den Listen.
Ohne Glauben sind wir blind,
führen irre jedes Kind.

Christen soll'n sich nicht erheben
und als Meister sich ausgeben.
Gehen wir auf Christus ein,
werden wir einst Meister sein.

Wenn wir Menschen dazu neigen,
Fehler andrer aufzuzeigen,
sollten wir zuerst mal sehen,
wie viel Fehler wir begehen.

Kehre erst vor deinem Haus,
schimpf nicht andre Leute aus!
Wer im Glashaus sitzt, soll keinen
schnell bewerfen mit den Steinen.

Wenn ein guter Baum du bist,
gut gedüngt zur rechten Frist,
wirst du gute Früchte bringen,
Christsein wird dir gut gelingen.

Taugst als Christ du aber nicht
und versäumst stets deine Pflicht,
dann bist du ein schlechter Baum,
gute Früchte bringst du kaum.

Sorge für ein gutes Herz,
lasse Raum für manchen Scherz.
Dann geht Gutes von dir aus,
Freude herrscht in deinem Haus.

Ist dein Herz von Glauben voll,
bist als Christ du einfach toll.
Du wirst wachsen und gedeihen,
andern deine Liebe leihen.

Unsre Kirche braucht die Leute,
die gut wirken hier und heute.
Auch im großen Karneval
wirkt ein Zeugnis überall.

Sicher ist nicht alles gut,
was sich häufig draußen tut.
Christen sollen kritisch bleiben,
wenn sie sehen manches Treiben.

Alkohol ist stets gefährlich,
darum trinke ihn nur spärlich.
Freude kommt nicht aus der Flasche,
darum lass sie in der Tasche!

Alkohol verschiebt nur Sorgen,
kommen wieder nächsten Morgen.
Besser, du lässt dich beraten,
wenn in Not du bist geraten.

Kirche bietet solches an,
jeder Hilfe finden kann.
Du musst dich nur überwinden,
um den Weg dorthin zu finden.

Einer trag des andern Last,
so wie du's erfahren hast.
Jesus geht an unsrer Seite,
jedem gibt er sein Geleite.

Darum lasst uns Jesus loben,
der gekommen ist von oben,
um uns alle zu erlösen
von der Sünde und dem Bösen.

Lasst uns frohe Christen sein,
in ein Danklied stimmen ein!
Gott meint es mit jedem gut,
das gibt allen Trost und Mut.

Wer sich kitzelt, kann gut lachen
und auch andern Freude machen.
Witze kann er auch erzählen,
muss ja keine Zoten wählen.

Auch ein Christ liebt den Genuss,
doch zu viel bringt Überdruss.
Halt dich stets in der Gewalt,
sonst die Sicherung durchknallt!

Bleibe menschlich jederzeit,
sei zum Helfen schnell bereit!
Dann wird man am End' dich loben,
wenn du lebst bei Gott dort oben.

Halleluja lasst uns singen,
auch Helau darf hier erklingen.
Freudig preisen wir den Herrn,
denn er hat uns alle gern.

Die Freude der Liebe

Hört, ihr Lieben, hört gut hin!
Narretei hab ich im Sinn,
denn es ist heut' Karneval,
Narren herrschen überall.

Da möcht' ich die Predigt dichten,
so erfüllen meine Pflichten.
Ich darf euch ein wenig necken,
Freude in euch allen wecken.

Karneval ist frohe Zeit.
Darum seid auch ihr bereit,
nicht so schrecklich ernst zu sein.
Lasst die Heiterkeit herein!

Hört jetzt, was der Herr will sagen
auch zu uns in unsern Tagen,
was im Evangelium steht,
das von Gottes Geist durchweht.

Jesus spricht vom Frieden heute,
halten soll'n ihn alle Leute.
Dazu nennt er einen Plan,
der uns führt auf rechte Bahn.

Er sagt, dass das „Aug-um-Auge"
gar nicht für den Frieden tauge.
Auch das „Zahn-für-Zahn" sei schlecht,
das schafft überhaupt kein Recht.

Besser sei, wenn man nicht bange,
hinhält auch die andre Wange.
Schlägt dir einer ins Gesicht,
schlag zurück am besten nicht!

So hast du den Feind verwirrt,
weil er sich im Denken irrt.
Er glaubt, dass es weitergeht,
und dass er den Kampf besteht.

Doch du lässt dich nicht drauf ein,
lässt das Kämpfen einfach sein.
So hast du den Kampf gewonnen,
eh' er richtig hat begonnen.

Ähnlich ist es, wenn da einer
dich verklagt ums Hemd wie keiner:
Gib den Mantel obendrein,
er wird sehr erstaunt dann sein.

Zwingt dich einer zu 'ner Meile,
zwei geh mit in aller Eile.
So behältst du noch Humor,
Gutes geht daraus hervor.

Will ein Mensch von dir was borgen,
mach dir einfach keine Sorgen!
Gib ihm, was er haben will,
Gott gibt's dir zurück ganz still.

Schließlich geht der Herr aufs Ganze.
Deshalb nicht im Dreieck tanze,
wenn er sagt, du sollst noch lieben
deine Feinde samt den Dieben.

Gott schenkt täglich seine Sonne,
Gut und Bös' mit gleicher Wonne,
weil die Liebe wandeln kann
jedes Herz von Frau und Mann.

So empfiehlt er uns die Liebe
und Verzicht auf alle Hiebe.
Großmut und Barmherzigkeit
bringt am Ende Heiterkeit.

Sind wir nur zu Freunden gut,
Gegner ernten unsre Wut,
sind nicht besser wir als Heiden.
Dieses sollten wir vermeiden.

Und so bitte ich euch heut',
die ihr euch von Herzen freut,
seid recht lieb zu jedermann,
dass man euch stets loben kann.

Jesus nennt uns Schwestern, Brüder,
so kommt es von ihm herüber.
Darum sind wir alle gleich,
ganz egal, ob arm, ob reich.

In der Lesung sagt heut' Paulus,
er ist der bekehrte Saulus,
dass die Weisheit dieser Welt
von Gott hintenan gestellt.

Drum bild' keiner sich was ein,
mag er noch so tüchtig sein.
Nur die Weisheit Gottes bleibt,
wie die Bibel sie beschreibt.

Wer im Karneval möcht' lachen
und sich freu'n an schönen Sachen,
soll auf Gottes Wort vertrau'n
und auf seine Hilfe bau'n.

Gerne rufe ich Helau,
freuen soll sich Mann und Frau.
Alle sollen fröhlich sein,
dazu lade ich sie ein.

Heile heile Gänsje

Hört nur zu, ihr lieben Leute,
auf die ich mich schon sehr freute,
denn es ist heut' Karneval,
Stimmung herrscht da überall.

Freuen dürfen sich nicht minder
in der Kirche Gottes Kinder.
Frohe Botschaft hören wir,
Freude ist der Christen Zier.

Ich halt heut die Büttenpredigt,
kurz und bündig wird erledigt,
was der Herr uns sagen will.
Hört gut zu und seid recht still!

Von dem Menschen wird gesprochen,
bei dem Aussatz ausgebrochen.
Er wurd' deshalb ausgesetzt,
Kleider trug er ganz zerfetzt.

Lange Haare musst' er tragen,
durft' sich nicht zu Menschen wagen.
„Unrein, unrein!" musst' er schrei'n,
abgesondert sollt er sein.

Dieser Mensch sprach Jesus an,
ob er ihn nicht heilen kann.
Jesus hat ihn angerührt
und das Heil herbeigeführt.

Jetzt war er von Aussatz frei
und bei allem mit dabei.
Allen hat er dann erzählt,
Jesus sei das Heil der Welt.

Ausgesetzte gibt's auch heute.
Das sind jene armen Leute,
die von andern oft geschieden,
weil man ständig sie gemieden.

Wenn wir Menschen isolieren
und Gemeinschaft nicht probieren,
werden häufig diese krank,
leiden dann ein Leben lang.

Jeder Mensch braucht einen Kreis,
wo er sich zu Hause weiß.
Woll'n wir rechte Christen sein,
laden wir die andern ein.

Ausgegrenzt darf niemand werden,
denn wir leben hier auf Erden,
um mit andern froh zu sein.
Niemand bleibe ganz allein.

Jesus lud die Menschen ein,
gern bei ihm zu Gast zu sein.
Kranke, Sünder und die Armen
fanden bei ihm viel Erbarmen.

Auch wir Christen sollten wissen,
dass wir andern helfen müssen.
Kirche Jesu sind wir nur,
wenn wir folgen seiner Spur.

Caritas muss Kirche üben,
will sie nicht den Herrn betrüben.
Jesus hat uns vorgemacht,
wie die Liebe ist gedacht.

Karneval ist eine Zeit,
die uns gibt Gelegenheit,
viele Menschen zu beglücken,
nicht zuletzt auch die auf Krücken.

Darum lad' ich alle ein,
jetzt besonders nett zu sein.
Nehmt euch gern der Schwachen an,
dass ein jeder leben kann.

„Heile, heile Gänsje" singen,
würde nicht authentisch klingen,
wenn wir nicht die Kranken heilen
und zum Helfen uns beeilen.

Jetzt will ich die Predigt schließen,
um die Messe zu genießen.
Jesu Freundschaft feiern wir
in der Kirche jetzt und hier.

Mit Helau wünsch ich jetzt allen,
dass die Predigt euch gefallen.
Halleluja ruf ich laut,
Karneval auf Freude baut.

Ein Brett vor dem Kopf und ein Balken im Auge

Liebe Christen und Christinnen,
hört mir zu mit vollen Sinnen
ohne Bretter vor dem Kopf,
sonst seid ihr ein armer Tropf.

Karneval lässt mich heut' wagen,
euch in Reimen vorzutragen,
was der Herr uns sagen lässt
heut' an diesem frohen Fest.

Lukas hat es aufgeschrieben,
Gottes Geist hat ihn getrieben.
Handeln sollen wir sehr klug,
frei von allem Lug und Trug.

Blinde, die die Blinden führen,
werden bald die Dummheit spüren,
wenn sie in die Grube fallen,
die zum Unglück würde allen.

Bilde dir nicht ständig ein,
du müsstest der Größte sein.
Lerne lieber lebenslang,
dann ist Meisterschaft der Dank.

Schnell siehst du bei deinem Bruder
Fehler und bist selbst ein Luder.
Üb zuerst die Selbstkritik,
dann nimm andre in den Blick.

Lerne gut von der Natur,
sie zeigt dir der Logik Spur.
Jesus bringt in seinen Reden
gute Beispiele für jeden.

Gute Früchte bringt ein Baum,
wenn Gesundheit er schenkt Raum.
Ist er aber in sich krank,
fehlt die Frucht an Erntedank.

Disteln bringen keine Feigen.
Macht euch diesen Satz zu eigen
und glaubt nicht, ihr könnt was bringen,
wenn ihr hängt an falschen Dingen.

Auch darf keiner von euch glauben,
dass am Dornstrauch wachsen Trauben.
Seid ihr selber bös' und schlecht,
lebt ihr nicht vor Gott gerecht.

Ist ein Herz im Innern gut,
es von selbst das Gute tut.
Ist es aber wie durchtrieben,
wird es kaum die Menschen lieben.

Ist dein Herz von Liebe voll,
sind auch deine Worte toll.
Ist es aber voller Hass,
sind auch alle Werke krass.

Macht deshalb die Herzen rein,
Liebe wird die Folge sein.
Das nicht nur an tollen Tagen,
Gutes soll man immer wagen.

Heute lade ich euch ein,
Gottes Kinder stets zu sein,
die sich freuen, tanzen, lachen
und sehr gerne Freude machen.

Kommt der Aschermittwoch dann,
stellt zum Aschekreuz euch an.
Dieses Zeichen lässt uns denken:
Gott will uns das Leben schenken.

Darum rufe ich Helau,
Halleluja ganz genau.
Feiert schön als gute Christen,
die den Teufel überlisten.

Das i-Tüpfelchen

Liebe Christen, liebe Frommen,
alle, die ihr seid gekommen,
hört euch meine Predigt an,
froh gereimt für jedermann.

Schließlich ist heut' Karneval,
Fasching treibt man überall.
Auch im Gotteshaus herrscht Jubel,
allerdings kein lauter Trubel.

Mit viel Spaß will ich verkünden,
dass Gott uns befreit von Sünden.
Er gab uns die zehn Gebote,
ohne sie uns Chaos drohte.

Damals meinten manche Leute,
Jesus die Gebote scheute,
da er frei mit ihnen lebte
und nicht ängstlich daran klebte.

Darum musste er erklären,
dass Gebote wichtig wären.
Auch kein Jota würd' gestrichen,
keines sei vor Gott verblichen.

Wer die Menschen Falsches lehrt,
Normen streicht, weil er's begehrt,
der wird einst im Himmelreich
vor dem großen Richter bleich.

Wer jedoch Gebote hält,
beim Gericht dem Herrn gefällt,
der darf bei den Heil'gen sitzen,
muss nicht in der Hölle schwitzen.

Das Gebot „Du sollst nicht töten"
ist ganz sicherlich vonnöten.
Doch schon Zürnen ist verboten,
es bringt Höllenpein dem Toten.

Wer den Bruder „Dummkopf" nennt,
damit ins Verderben rennt.
Wer ihn dann noch „gottlos" schimpft,
sich mit Höllenfeuer impft.

Wenn du Gott ein Opfer bringst
und im Beten sehr fromm klingst,
prüfe dein Gewissen schnell.
Durch Versöhnung mach es hell.

Sonst kann Geben dir nicht nützen,
dich nicht vor der Hölle schützen.
Gott hat uns die Schuld vergeben,
dass auch wir versöhnt hier leben.

Jesus warnt uns, wenn wir meinen,
jeder kann gerecht erscheinen,
wenn er die Gebote hält
äußerlich im Schein der Welt.

Was im Herzen sich abspielt
und auf Sünde klar abzielt,
das, glaubt mancher, zähle nicht,
doch auch das kommt einst ans Licht.

Darum merk dir, Frau und Mann:
Sünde fängt im Herzen an.
Was du denkst, das will auch werden,
es bringt Unheil hier auf Erden.

Sorg dafür, dass all dein Denken
sich von Gottes Wort lässt lenken.
Innerlich sei rein und klar,
dann ist auch dein Handeln wahr.

Jesus hatte viel Erbarmen,
hatte Mitleid mit den Armen.
Die Gebote hielt er ein,
ohne eng und stur zu sein.

Karneval ist Zeit zum Lachen,
tolle Sachen darf man machen.
Doch es kommt die Fastenzeit,
seid für Ernstes dann bereit.

Überprüft dann euer Leben.
Seid bereit, in Not zu geben.
Bleibt nicht bei dem Minimum!
Seid als Christen nicht so dumm!

Und so schließ ich meine Predigt.
Mit Helau sei sie erledigt.
„Halleluja" ruf ich laut,
dass ihr froh zum Himmel schaut.

Der Nächste, bitte!

Ihr Lieben hier im Gotteshaus,
zieht heute nicht die Stirne kraus.
Zu Karneval seid lieber froh.
Verlasst euch drauf: Gott will es so.

Ich will die Predigt heute dichten,
will alle Traurigkeit vernichten,
denn Christen sollten fröhlich sein.
Gott selber lädt uns dazu ein.

Im Markusevangelium
seh'n wir uns nach der Freude um.
Wir sehen Jesus, wie er handelt
und heilend durch die Lande wandelt.

Auch Jünger sind mit ihm dabei,
Jakobus und Johannes, zwei.
Sie geh'n zu Petrus, ihrem Freund,
vor Sorgen blass und nicht gebräunt.

Die Mutter seiner Frau ist krank,
hat Fieber nun schon Tage lang,
und Ärzte gab es damals kaum,
doch Jesus tritt in ihren Raum.

Er fasst die Frau an ihrer Hand,
sodass das Fieber ganz verschwand.
Jetzt konnte sie das Bett verlassen
und mit dem Haushalt sich befassen.

Am Abend, als die Sonne schlief,
da atmete der Herr sehr tief.
Er sah, wie man die Kranken brachte,
und jeder ihm viel Sorgen machte.

„Der Nächste, bitte!" hieß es dort,
und Jesus heilt in einem fort.
Er war als Heiler angesehen,
weil Heilung oft durch ihn geschehen.

Des Morgens früh stand Jesus auf,
nahm in die Einsamkeit den Lauf.
Er wollte beten für die Leute,
die viele Leiden haben heute.

Als seine Jünger ihn dann suchten,
weil noch viel Elend sie verbuchten,
ist Jesus einfach fortgegangen,
um andre Ziele zu erlangen.

Er wollt' in andre Dörfer gehen,
um seine Sendung zu bestehen,
Auch dort sollt' er das Wort verkünden.
die ganze Welt mit Gott verbünden.

Wohin er kam, sprach er das Wort
von Gottes Liebe fort und fort.
Als Zeichen seiner Macht von oben,
die bösen Geister sich verstoben.

Was können wir von Jesus lernen,
die Nahen und auch alle Fernen?
Dass alle wir berufen sind,
von Gott zu sprechen: Groß' und Kind.

Verkündigung tut heute Not,
denn Unglaub' ist der Menschen Tod.
In alle Welt soll'n Christen gehen,
und dort zu Gottes Botschaft stehen.

Schon lange haben wir begriffen,
was Spatzen von den Dächern pfiffen,
dass alle Christen Gott gesendet,
weil dazu er den Geist gespendet.

Sie sollen auch die Kranken heilen
und sich zum Helfen stets beeilen.
Auch Böses sollen sie bekämpfen
und alle Machenschaften dämpfen.

Nun wünsch' ich euch an diesen Tagen
viel Spaß und Freude, frei von Plagen.
Ist dann der Karneval vorbei,
seid ihr zum Fasten alle frei.

Ich ruf euch zu: „Grüß Gott, Helau!"
und „Halleluja", ganz genau.
Seid frohe Christen jederzeit,
zum Glaubenszeugnis stets bereit.

Wovon das Herz voll ist

Liebe Brüder, liebe Schwestern,
Karneval ist da zum Lästern.
Auch die Kirche braucht Kritik,
denn sie hat so manchen Tick.

Auch wir selber sind oft dumm,
nehmt mir dieses Wort nicht krumm!
Heut werd' ich die Predigt reimen
und um keinen Menschen schleimen.

Narrenfreiheit nehm' ich mir,
sage, was ich denke hier.
Schließlich ist jetzt Narrenzeit,
da macht sich die Freiheit breit.

Jesus selbst nahm sich das Recht,
frei zu sagen, das, was schlecht.
Seinen Jüngern sagte er,
wo das Böse käme her.

Bilder wählte er dafür,
öffnete der Wahrheit Tür.
Blinde führt man nicht durch Blinde,
weil den Weg man so nicht finde.

Schüler lehren nicht den Meister,
das ruft nur die falschen Geister.
Umgekehrt, das wäre richtig,
nimm dich selber nicht so wichtig!

Fehler in dem Bruder sehen
und sie selber mehr begehen,
das ist nicht die rechte Kür,
kehre vor der eignen Tür!

Ähnlich ist es mit den Bäumen,
von den Früchten wir gern träumen.
Sind die Bäume aber schlecht,
gibt es Früchte nicht so recht.

Jesus liebt die Bilder sehr,
er erzählt sie mehr und mehr,
redet von den Disteln gar,
deren Frucht nicht Feige war.

Auch der Dornstrauch bringt nicht Trauben,
keiner würde sowas glauben.
Grad so ist es mit uns allen,
sind wir schlecht, kann nichts gefallen.

Was ein jeder trägt im Herzen,
bringt der Welt Freud' oder Schmerzen.
Darum ist es ja so wichtig,
dass wir nachdenken so richtig.

Richte dich nach den Geboten,
ohne die stets Folgen drohten.
Ist dein Innerstes ganz rein,
wird dein Leben fruchtbar sein!

Ist dein Herz von Gutem voll,
bist in Wort und Tat du toll.
Ist es aber voll von Mist,
wirst du nie ein guter Christ.

Würde Jesus heute leben,
welchen Rat würd' er uns geben?
Welchen Spiegel uns vorhalten,
dass wir gut die Welt gestalten?

Von der Armut würd' er reden,
weil sie angeht einen jeden.
Kinder sterben viel zu oft,
weil vergeblich sie gehofft.

Von der Umwelt würd' er sprechen,
die Verschmutzung: ein Verbrechen!
Von der Luft, die wir verpesten,
von dem Müll und all den Resten.

Von Atom und den Gefahren,
die wir sammelten in Jahren.
Von den Kriegen und den Toten,
die der Wahnsinn uns geboten.

All das Schlimme, würd' er sagen,
all die großen Menschheitsplagen,
macht nicht Gott, der Mensch allein
würd' an all dem schuldig sein.

Ins Gewissen würd' er reden,
und ermahnen einen jeden,
endlich Gutes zu bedenken
und die Welt zum Frieden lenken.

Auch die Kirche sollte leben
und vom Glauben Zeugnis geben.
Gehen sollte sie voran,
geben, was sie geben kann.

Hilft sie Menschen in der Not,
wie der Herr es ihr gebot,
dann ist sie das Licht der Welt,
die Gott auf den Berg gestellt.

Keiner müsst' im Dunkeln gehen,
Kummer würde bald vergehen.
Kirche wäre attraktiv,
ihre Lage nicht mehr schief.

Leider muss ich manchmal lachen,
was die Kirche macht für Sachen.
Alte Zöpfe abzuschneiden,
kann sie immer noch nicht leiden.

Dabei weiß ein jeder Mann,
dass es so nicht gehen kann.
Papst und Bischöfe, habt Mut,
dass ihr Jesu Weisung tut!

Nun will ich die Predigt schließen,
lasst euch bitte nicht verdrießen.
Feiert fröhlich Karneval
und bleibt Christen überall.

Nach Helau kommt gleich das Amen,
Dank sei allen, die heut' kamen.
Bleibt im Herzen fromm und gut,
weil ihr dann das Rechte tut.

Am Kopf
stinkt der Fisch zuerst

Liebe Gläubige hienieden,
die ihr lebt in Gottes Frieden,
weil er seine Gnade schenkt
und so euer Leben lenkt,

ich will heut' in Reimen reden
und erfreuen einen jeden,
denn es ist ja Karneval,
Frohsinn herrscht heut' überall.

Gerne möcht' ich mit euch lachen
über manche dumme Sachen,
die wir Menschen so betreiben,
wenn wir nicht vernünftig bleiben.

Jesus war ein froher Mann,
der gewiss auch lachen kann.
Mit Humor und Heiterkeit
lehrte er zu seiner Zeit.

Manchmal aber sagt er allen,
was ihm keineswegs gefallen.
Dass man sollt' Gesetze streichen
und auf „liberal" ausweichen.

Nein, das hat er nie gesagt!
Sowas hätt' er nicht gewagt.
Achten sollt' man auf den Geist,
auf den ein Gesetz hinweist.

Keinen töten, das reicht nicht,
größer ist des Menschen Pflicht.
Wer dem Nächsten Böses sagt,
wird am Jüngsten Tag verklagt.

Darum hütet eure Zungen!
Das gilt Alten und auch Jungen.
Sprecht ihr Gott an im Gebet,
fragt euch, wie's mit Frieden steht.

Wer dem Bruder nicht verzeiht,
zur Versöhnung nicht bereit,
den wird Gott niemals erhören,
eher wird er sich empören.

Jesus redet radikal,
Sünde ist ihm nicht egal.
Wer Gebote übertritt,
ist die Gnade Gottes quitt.

Ob nun Ehe oder Schwören,
Böses darf euch nicht betören.
Schlagt den Teufel in die Flucht,
seid nicht Sklaven einer Sucht!

Wenn ihr redet, redet klar,
nicht verdreht und immer wahr!
Dann wird Gott euch alles geben,
was ihr braucht in eurem Leben.

Seid ihr doch in Schuld geraten,
dürft ihr nicht sehr lange warten.
Bittet Gott, euch zu verzeihen,
er wird neue Kraft verleihen.

Seid als Christen frohe Leute
und niemals des Teufels Beute.
Macht den andern Menschen Spaß
und schaut nicht zu tief ins Glas.

Kommt der Rosenmontag dann,
stellt euch gern beim Zuge an.
Jubelt und singt frohe Lieder
und gebt euren Glauben wieder.

Christen haben sehr viel Grund,
sich zu freu'n mit Gott im Bund.
Frohe Botschaft hören sie
sonntags in der Liturgie.

Selbst ein Psalm hat kundgemacht:
Gott im Himmel droben lacht (Ps 2,4).
Isaaks Name heißt: Gott lacht,
weil er Sara Freude macht.

Auch die Heil'gen waren fröhlich,
war'n vor Freude einfach selig,
weil sie sich geborgen wussten
und deshalb nicht weinen mussten.

Darum lacht ihr Christen alle,
lacht und singt mit frohem Schalle.
Gott hat jeden Menschen gern,
deshalb freut euch stets im Herrn!

Ganz zum Schluss ruf ich Helau.
Liebt einander und seid schlau.
Fördert die Gerechtigkeit,
seid zu mehr als Pflicht bereit.

Neuer Wein in neue Schläuche

Liebe Christen hier im Haus
zu der Zeit mit Saus und Braus,
heute geht's hier fröhlich zu,
Karneval gibt keine Ruh'.

Alles kommt zu seiner Zeit,
dazu sind auch wir bereit.
Fasten ist erst später dran,
heute jubelt Frau und Mann.

Auch bei Jesus war es so.
Seine Jünger waren froh,
dass sie ihren Herrn noch hatten.
Später kamen dunkle Schatten.

Jetzt war Zeit zum Feiern da,
gutes Essen, das war klar.
Wenn das Pharisäer hörten,
sie sich deshalb sehr empörten.

Denn sie hatten Fastenzeit,
lebten die Enthaltsamkeit,
aßen täglich ganz bescheiden,
wollten Völlerei vermeiden.

Jesus machte ihnen klar,
dass jetzt Zeit zum Feiern war.
Mit ihm wurde vieles neu,
davor hat er keine Scheu.

Fasten, sagt er, käme dann,
wenn die Leidenszeit kommt an.
So bekam es neuen Sinn,
darauf wies er deutlich hin.

Neuer Wein in neue Schläuche,
mit ihm ändern sich die Bräuche.
Jesus ist der Herr der Welt,
vieles hat er neu bestellt.

Neuer Stoff auf alte Kleider,
das hält nicht sehr lange, leider.
Was kaputt, kann man nicht retten,
darauf darf man sicher wetten.

Auch die Kirche muss sich ändern
in Gestalt und in Gewändern.
Das Konzil im Vatikan
hat uns dieses angetan.

Doch es gab die Bremser auch,
Kirche stand oft auf dem Schlauch.
Papst Johannes öffnet Fenster,
doch Prälaten sah'n Gespenster.

Alles sollt' beim Alten bleiben,
Neues darf man nicht betreiben.
Dadurch wird die Kirche leer,
Jugend kommt oft nicht mehr her.

Halten darf man sich am Alten,
wenn es gut ist, es behalten,
doch muss man auf altem Grunde
Neues wirken jede Stunde.

Viele warten auf Reformen,
auf Veränderung der Normen.
Manches war nur zeitbedingt
und gilt nicht mehr unbedingt.

Fragen sollten wir uns heute,
was wohl Jesu Herz erfreute.
Was die Menschen sich erdacht,
hat uns oft kein Glück gebracht.

Nur was Gott befohlen hat,
gilt für uns in Land und Stadt.
Menschensatzung kann verschwinden,
sie kann uns nicht ewig binden.

Menschen wollen Sicherheit,
sind für Neues nicht bereit.
Christen feiern Wandlung gern,
doch im Leben bleibt sie fern.

Bitten wir den Heilgen Geist,
dass er uns die Wege weist,
die in eine Zukunft führen,
dass wir die Vollendung spüren.

Lasst uns Jesus Christus loben,
der gekommen ist von oben,
um Zerstörtes neu zu machen:
Grund für alle, froh zu lachen.

Paulus schreibt an die Korinther,
und wer nachdenkt steigt dahinter,
dass wir Diener sind des Geistes,
Buchstaben nur töten, heißt es.

Darum lad ich alle ein,
frohe Christen stets zu sein,
nicht als Sklaven, sondern frei.
Heiterkeit sei mit dabei.

Und so schließ' ich mit Helau,
Halleluja ganz genau.
Allen wünsch' ich frohe Tage
ohne Ärger, ohne Plage.

Ist der Jubel dann vorbei,
Fasten die Devise sei.
Ostern muss man vorbereiten,
dazu sind die nächsten Zeiten.

Drum Helau und auch ein Amen
allen, die zur Messe kamen.
Lasst uns Gottesdienst nun feiern,
ohne dann herumzueiern.

Zu jeder Zeit,
besonders aber zu Karneval

Seligkeiten

**Für die, die ein bisschen Humor haben
und weise werden wollen**

Selig, die über sich selbst lachen können, denn sie werden immer genug Unterhaltung haben.

Selig, die einen Baum von einem Maulwurfhügel unterscheiden können, denn es wird ihnen eine Menge Ärger erspart bleiben.

Selig, die fähig sind, sich auszuruhen und zu schlafen, ohne dafür eine Entschuldigung suchen zu müssen, denn sie werden weise werden.

Selig, die schweigen und zuhören können, denn sie werden dabei Neues lernen.

Selig, die intelligent genug sind, um sich selbst nicht zu ernst zu nehmen, denn sie werden von ihrer Umgebung geschätzt werden.

Selig, die aufmerksam werden für den Anruf der anderen, ohne sich jedoch für unersetzlich zu halten, denn sie werden Freude säen.

Selig seid ihr, wenn ihr es versteht, die kleinen Dinge ernst zu nehmen und die ernsten Dinge ruhig anzusehen, denn ihr werdet im Leben weit kommen.

Selig seid ihr, wenn ihr lächeln könnt und kein böses Gesicht macht, denn euer Weg wird von der Sonne beschienen sein.

Selig seid ihr, wenn ihr fähig werdet, das Verhalten der anderen immer mit Wohlwollen zu interpretieren, auch wenn der Anschein dagegen spricht, denn ihr werdet dafür zwar für naiv gehalten, aber das ist der Preis der Liebe.

Selig, die denken, bevor sie handeln, und beten, bevor sie denken, denn sie werden eine Menge Dummheiten vermeiden.

Selig seid ihr, wenn ihr schweigen und lächeln könnt, auch wenn man euch das Wort abschneidet, euch widerspricht oder auf die Zehen tritt, denn das Evangelium fängt an, euer Herz zu durchdringen.

Selig seid ihr, wenn ihr den Herrn in all denen erkennt, die euch begegnen, denn ihr werdet das wahre Licht und die wahre Weisheit besitzen.

Petites soeurs de Jésus
(Kleine Schwestern Jesu)

Der Narr — eine Büttenrede

Karneval ist Narrenzeit.
Narren sind dann stets bereit,
Narreteien vorzutragen
und auch manches anzuklagen.

Mit viel Witz und Ironie,
bunt gekleidet wie sonst nie
machen sie sich meistens lustig
über Dinge, die oft wichtig.

Früher gab es an dem Hofe
neben einer Kammerzofe
auch den Narren für den König,
von Bedeutung gar nicht wenig.

Dieser durfte es dann wagen,
kritisch Wahrheiten zu sagen,
was kein anderer riskierte
und es niemals ausprobierte.

Narren sind oft wie Propheten,
die bekanntlich nicht nur beten,
sondern einfach offen sagen,
was da gärt in ihrem Magen.

Schon das Alte Testament
diese Art Propheten kennt.
Amos sagte frisch und frei,
was gar nicht in Ordnung sei.

Mancher musste sogar flüchten,
denn man wollte sie vernichten.
Doch sie gaben niemals auf,
nahmen häufig Not in Kauf.

Paulus hat das auch erfahren,
als er in den frühen Jahren
vielen Jesu Botschaft brachte
und man ihn dafür auslachte.

Einen Narren hieß man ihn
und ließ ihn dann weiter zieh'n.
Paulus nahm die Rolle an,
narrte wie man narren kann.

Narren sind wir Christen oft,
wenn wir plötzlich unverhofft
dem Gespötte ausgesetzt,
womit man uns gern verletzt.

„Narren um des Herren willen",
Paulus sagt es all den vielen,
die nach Jesu Botschaft lebten
und mit ihm das Heil erstrebten.

Jesus selbst hielt man zum Narren,
musst' in Spott und Leid ausharren,
Dornenkron' und Königskleid
machten ihn zum Clown der Zeit.

Christus als Gekreuzigter
Torheit für die Heiden war,
doch für uns ist er die Kraft,
die das Leben neu erschafft.

Ja, in seiner Narretei
führte er das Heil herbei.
Alle Weisheit dieser Welt
hat er auf den Kopf gestellt.

Drum, ihr Christen, habt nur Mut!
Lebt den Glauben froh und gut,
auch wenn man den Kopf dann schüttelt
und an eurer Ehre rüttelt.

Lieber Narr sein als zu schlau,
denn ihr wisst ja sehr genau,
dass die Weisheit dieser Welt
oft dem Herrgott nicht gefällt.

Seid auch mutig, wenn ihr seht,
wie es um die Welt heut steht.
Nehmt die Dinge auf die Schippe.
Werft den Blödsinn auf die Kippe!

Auch die Kirche braucht den Narren,
denn der alte morsche Karren
läuft nicht, wie er laufen soll,
braucht Reformen schnell und toll.

Die da oben woll'n das nicht,
Sturheit machen sie zur Pflicht.
All die vielen guten Laien
lassen sie zum Himmel schreien.

Kritiker hält man sich fern
oder bannt sie auch mal gern,
weil den Spiegel sie gehalten
denen, die die Kirch' verwalten.

Was vor Jahren das Konzil
änderte in neuem Stil,
wird heut' oft zurückgeschraubt,
ja verboten, nicht erlaubt.

Priester tragen wieder Sachen,
die sehr häufig sind zum Lachen.
Nostalgie ist groß im Kommen.
Holt man so zurück die Frommen?

Überall herrscht Fusion.
Ist das denn die Lösung schon?
Nichts dagegen, Spaß muss sein.
Doch fällt uns nichts Bess'res ein?

Laien sind oft gern bereit,
nähmen sich durchaus die Zeit,
Gottesdienste zu gestalten,
wo kein Priester sie kann halten.

Doch der Bischof will das nicht.
Jeder soll die Sonntagspflicht
weit entfernt vom Haus erfüllen.
Geht oft nicht, bei bestem Willen!

Hätte man nur Fantasie,
manches liefe wie noch nie.
Hörte man auf manchen Narren,
würde wieder flott der Karren.

So kann man nur fleißig hoffen,
dass die Kirche wieder offen
die Erneuerung anstrebt
und im Geiste Jesu lebt.

Narrenfreiheit wünsch ich mir
für die Predigt heute hier.
Manches hab ich nicht gesagt,
es aus Vorsicht nicht gewagt.

Vieles könnt ihr euch noch denken,
die ihr hier sitzt in den Bänken,
denn Gedanken sind stets frei,
frischer Geist führt sie herbei.

Haltet fest an eurem Glauben.
Lasst die Freude euch nicht rauben.
Seid ruhig Narren, das ist gut.
Sagt die Wahrheit mit viel Mut!

Drum ruf ich jetzt froh: Helau,
Halleluja ganz genau.

Die Messe von der Orgelbühne

Ich sitze auf der Orgelbühn'
und schaue durch das Gitter kühn.
Heut' ist die Messe feierlich.
Ganz oben feiere auch ich.

Ich sehe alles, was passiert,
beobachte ganz ungeniert,
wie fromme Christen sich bewegen,
die sonntags holen ihren Segen.

Ganz lustig ist die Messe dort,
wenn sie gefeiert an dem Ort.
Davon will ich euch jetzt berichten.
Dabei versuch' ich es mit Dichten.

Die Leute kommen langsam rein.
Sie sind gekleidet hübsch und fein.
Die letzten Bänke sind schnell voll.
Die ersten schätzt man nicht so toll.

Dann kommt sehr bald ein Organist.
Er spielt die Orgel, wie ihr wisst.
Ein Küster läuft ganz vorne `rum,
macht alles grade, was da krumm.

Die Kerzen werden angesteckt,
und der Altar ist wie geleckt.
Es werden Blumen hergebracht.
An Brot und Wein ist auch gedacht.

Es sind sehr viele Lichter an.
Der Küster tut da, was er kann.
Die Glocken werden stark gebimmelt,
sodass die Luft vor Tönen wimmelt.

Dann schlägt die Uhr und zeigt nun an,
dass alles jetzt beginnen kann.
Und alle schau'n zur Sakristei,
wer heute wohl der Priester sei.

Der kommt sehr schön hereingeschritten,
sieht aus, als hätt' er viel gelitten.
Ihm geh'n zwei Kinder fromm voraus.
Die sehen bunt gekleidet aus

Vorn an den Stufen angekommen,
gibt's Kniebeugen wie bei den Frommen.
Dann geht der Priester zum Altar
und küsst ihn zärtlich offenbar.

Dann zündet er ein Feuer an,
das jedermann bald riechen kann.
Der Weihrauch soll die Stimmung heben
und Wohlgeruch dem Dasein geben.

Dann wird aus Büchern vorgelesen.
Es sind Geschichten, die gewesen.
Von Gott erzählen sie sehr viel,
und Glaube ist dabei ihr Ziel.

Dann fängt auch bald die Predigt an.
Die hält nur der geweihte Mann.
Es gibt auch andre, die das können.
Es wäre ihnen wohl zu gönnen.

Was soll er nun den Leuten sagen,
will er sie nicht nach draußen jagen?
Moral will niemand heut mehr hören.
Womit soll er sie nur betören?

Er sagt: „Fangt nicht das Trinken an!
Das bringt den Menschen nicht voran."
Er sagt noch viele andre Dinge,
dass Gott sie einem jeden bringe.

Mal wird er ernst und auch sehr deutlich.
Mal ist er lieb und spricht ganz freundlich.
Er will begeistern Alt und Jung
und bringt sich selber noch in Schwung.

Er hat's nicht leicht, das ist ja klar,
weil Zaubern nie sein Mittel war.
Nur wenn die Leut' nach Gott verlangen,
kann Predigt in das Herz gelangen!

Hat er sein Wort zu End' gebracht,
so mancher aus dem Schlaf erwacht.
Es wird das Credo angestimmt,
wie es von alters her bestimmt.

Sind dann die Fürbitten gesprochen,
erheben alle ihre Knochen.
Der Klingelbeutel wird gebracht.
Kollekte ist jetzt angesagt.

Der Priester sagt, wie wichtig die.
Es fehle Geld, wie sonst noch nie.
Sie sollten viele Scheine geben.
Das Kleingeld reiche für ihr Leben.

Die Sammler bringen's Geld nach vorn.
Man gab freiwillig ohne Zorn.
Erleichtert fühlt sich mancher auch
durch diesen alten Kirchenbrauch.

Dann geht die Feier einfach weiter.
Die Leute singen schön und heiter.
Die Kinder bringen Brot und Wein.
Es wird 'ne karge Mahlzeit sein.

Dann wird es still an jenem Ort.
Der Priester spricht das Wandlungswort.
Die Frommen neigen tief ihr Haupt,
da wichtig, was das Volk jetzt glaubt.

Es wird dazu auch noch geschellt,
weil das den Leuten sehr gefällt.
Bald kommt das Vaterunser dran.
Ein jeder betet, Frau und Mann.

Dann kommt die Zeit der Kommunion.
Die meisten kennen das ja schon.
Mit Hand und Mund sind sie dabei.
Gott machte sie von Sünden frei.

Und ist die Messe bald am End',
kommt's Publikandum, wie man's kennt.
Der Altenclub würd' sich versammeln,
Dann käm' die Jugend noch zum Gammeln.

Der Kirchenchor würd' auch noch proben.
Dann könnt' er Gott noch besser loben.
Die Frauen hätten ihre Runde
und träfen sich zur frohen Stunde.

Ein Schirm sei in der Kirch gefunden.
Ein Brautpaar hätte sich verbunden.
Gestorben sei zum Glück gar keiner.
Zur Beichte kam am Samstag einer.

Ein Bischofswort sei auch gekommen.
Das läge aus für alle Frommen.
Der Papst hätt' leider sich erkältet,
die Jugend aber froh gezeltet.

Der Pfarrer sei ein Tag nicht da.
Wo er dann sei, das war nicht klar.
Bald käm die Fastenzeit herbei,
da esse jeder lieber Ei.

Noch vieles andre wird gesagt
und mancher Zustand tief beklagt.
Ein Sprechdurchfall ist gar nicht selten,
wenn Priester von der Kanzel schelten.

Doch schließlich ist auch damit Schluss,
weil das am Ende doch sein muss.
Der Priester segnet noch die Leute
und sagt, dass Feierabend heute.

Dann singen alle froh das Lied,
dass Gott im Leben mit uns zieht.
Und einmal, weiß ich noch genau,
da rief der Priester laut: Helau!

Die Pfarrei als Farm der Tiere

Büttenrede zum Pfarrkarneval

Zu Karneval sei es erlaubt, die Pfarrei als Farm der Tiere darzustellen.

Nur wem der Schuh passt, der zieht ihn sich an.

Auf der besagten Farm gibt es ganz verschiedene Tiere: Hähne, Hühner, Affen und Giraffen, Faulpelze und listige Schlangen, Säugetiere, Kriechtiere, Bären und viele andere. Es gibt hohe Tiere mit Bildung oder ersatzweise Einbildung.

Da gibt es einen Hahn, der die Aufgabe hat, die Tiere in den Tiertempel zu locken, wo sie ihre wöchentlichen Anweisungen für ihr tägliches Verhalten bekommen.

Der Hahn versucht es mit vielen Kikerikis. Ein Bild des Hahns ist auf dem Turm des Tempels zu sehen, damit jeder weiß, wer hier das Sagen hat.

Sonntags kommen viele Tiere in den heiligen Raum. Um den Schöpfer zu loben mit „Miau, Muh, IA, Tock-Tock, Kikeriki und Quaak".

Sie lauschen auch dem Hahn, wenn der seine Kikerikis ertönen lässt. Leider hat er nicht immer Erfolg. Kräht er: „Tut wie die Vögel des Himmels!", dann fliegen manche Vögel einfach aus, ohne zur nächsten Versammlung zu kommen. Kräht er „Niemand kann zwei Herren dienen", dann dienen manche Affen gleich drei Herren und sind am Sonntag vollbeschäftigt. Kräht er: „Seht die Lilien des Feldes!", dann verduften sich die Faultiere und sind nicht mehr zu sehen. Was der Hahn auch kräht, es ist häufig für die Katz und nicht für die übrigen Tiere.

Manche Tiere kommen nur noch, um feierlich in die Farmfamilie aufgenommen zu werden. Später kommen sie noch zur Paarungsfeier und am Ende noch einmal tot, um feierlich unter die Erde gebracht zu werden. Dann weinen viele Tiere, und der Hahn sagt, wie gerne er die Toten häufiger lebend gesehen hätte.

An Karneval kommen die Tiere, kleine und große, bunt in ihren Tempel. Dann gibt's ein lustiges Gackern und Piepsen. Der Hahn kräht laut: „Kikeriki, so wie heute war's ja noch nie! Könnt ihr nicht jeden Sonntag kommen? Der ist doch nicht nur für die Frommen!"

So kräht er, und man merkt ihm an, dass er die Hoffnung auf eine bessere Tierwelt noch nicht aufgegeben hat.

Altersweisheiten

Gebet der hl. Theresia von Avila (16. Jh.)

Oh Herr, du weißt besser als ich, dass ich von Tag zu Tag älter und eines Tages alt sein werde. Bewahre mich vor der Einbildung, bei jeder Gelegenheit und zu jedem Thema etwas sagen zu müssen.

Erlöse mich von der großen Leidenschaft, die Angelegenheiten anderer ordnen zu wollen. Lehre mich, nachdenklich (aber nicht grüblerisch), hilfreich (aber nicht diktatorisch) zu sein. Bei meiner ungeheuren Ansammlung von Weisheiten erscheint es mir ja schade, sie nicht weiterzugeben – aber du verstehst, o Herr, dass ich mir ein paar Freunde erhalten möchte.

Bewahre mich vor der Aufzählung endloser Einzelheiten und verleihe mir Schwingen, zum Wesentlichen zu gelangen.

Lehre mich schweigen über meine Krankheiten und Beschwerden. Sie nehmen zu – und die Lust, sie zu beschreiben, wächst von Jahr zu Jahr.

Ich wage nicht, die Gabe zu erflehen, mir Krankheitsschilderungen anderer mit Freude anzuhören, aber lehre mich, sie geduldig zu ertragen.

Erhalte mich so liebenswert wie möglich. Ich möchte keine Heilige sein – mit ihnen lebt es sich so schwer –, aber ein alter Griesgram ist das Krönungswerk des Teufels.

Lehre mich, an anderen Menschen unerwartete Talente zu entdecken und verleihe mir, o Herr, die schöne Gabe, sie auch zu erwähnen.

Lehre mich die wunderbare Weisheit, dass ich mich irren kann.

Tollitäten und geistliche Narren

Buntes Allerlei
aus Kirche und Welt

❖ „Du stirbst auch bald", sagte ein Dreikäsehoch zum Pfarrer, der in der Schule eine Religionsstunde hielt. „Wie kommst du denn auf so etwas?", fragte der Geistliche. „Sie haben doch neulich gesagt: Wenn Menschen alt und grau werden, dann ist der Tod nicht mehr weit", war die Antwort des Jungen.

❖ „Haben Sie keine Frau?", fragte ein Mädchen den Pastor. „Doch", sagte der Pastor scherzhaft, „ich habe eine ganze Frauengemeinschaft." Prompt antwortete das Mädchen: „Der Kaplan hat aber gesagt, dass Christen nur eine Frau oder einen Mann haben dürfen."

❖ Bei der Taufe eines Kindes hatte der Pastor den Paten ins Gewissen geredet. Sie sollten dem Kind ein Vorbild sein. „In Ordnung, Herr Pastor", sagte ein Pate und fügte hinzu: „und danke gleichfalls!"

❖ Ob sie sich die Treue halten in guten und bösen Tagen, fragte der Pfarrer das Brautpaar. „In guten Tagen auf jeden Fall", antwortete der künftige Ehemann. „In bösen Tagen rufe ich Sie an und bitte um Rat, weil Sie als Seelsorger sicher Erfahrung haben."

❖ Der Kaplan fragte die Eltern im Taufgespräch, ob sie denn an die Auferstehung glaubten; denn ohne Glauben könne man kein Kind taufen. Der Vater war sich seines Glaubens nicht sicher und antwortete: „Ich weiß nicht. Ich sage mal so fifty-fifty." „Gut", sagte der Kaplan, „dann taufe ich Ihr Kind eben nur so fifty-fifty." „Um Gottes Willen", antwortete der Vater, „machen Sie bitte ganze Sachen!"

❖ „Wie viele Sakramente gibt es?", fragte die Katechetin im Kommunionunterricht. „Acht", antwortete ein Kind. „Falsch!", sagte die Katechetin, „sieben". Da rechtfertigte sich das Kind: „Wenn mein Vater sich auf den Finger haut, sagt er immer: „Sakrament nochmal"!

❖ Man solle immer zur passenden Gelegenheit das passende Gebet sprechen, sagte der Pastor in der Kinderkatechese. Er brachte dafür einige Beispiele. In der nächsten Stunde fragte er die Kinder, was man beten könne, wenn in der Familie ein Kind geboren würde. Ein Mädchen antwortete: „Komm, Herr Jesus, sei unser Gast und segne, was du uns bescheret hast."

❖ Dem Pfarrer war wichtig, den Kindern die kirchlichen Feste im Jahreskreis zu erklären. Als das Fest Fronleichnam dran war, fragte er die Kinder, ob sie das Wort Fron schon einmal gehört hätten. Ein Junge schien das zu kennen und sagte: „Frone Ostern, Herr Pastor."

❖ „Waren Sie schon einmal verheiratet?", fragte der Pastor den Bräutigam im Traugespräch. „Nein", antwortete der, es ist bisher gut gegangen."

❖ Die Gemeindereferentin wollte den Kindern Pfingsten erklären und fragte, was das für ein Wort sei. „Ein Schimpfwort", sagte ein Junge, „mein Vater hat neulich zu mir gesagt: Du bist vielleicht ein Pfingstochse!".

❖ Ein etwas konservativer Pfarrer, der nicht viel von Ökumene hielt, antwortete auf die Frage eines Kindes, ob auch Tiere in den Himmel kämen: „Warum nicht, wenn sie katholisch sind!"

❖ Der evangelische Pastor hatte sich von seiner Frau getrennt. Der katholische, der sich gelegentlich über den Zölibat beklagte, konnte das nicht verstehen. „Weißt du", sagte der evangelische Pastor zum katholischen, „es ist so: Die Ehe ist wie eine belagerte Burg. Die drin sind, wollen raus und die draußen sind, wollen rein."

❖ Als wieder einmal die Beichtzeit ausfiel, fragte eine fromme Seele den Küster, ob er ihr nicht die Beichte abnehmen könnte. „Mach ich gerne", sagte der, „Sie müssen sich nur damit zufriedengeben, dass ich mir gerne ihre Sünden anhöre, allerdings ohne Absolution."

❖ „Schlechte Zeiten", sagte der Bestatter zum Pastor, als er ihn traf, „kein einziger Sterbefall".

❖ Ob er nie ein Problem mit der Ehelosigkeit gehabt habe, fragte ein Neugieriger seinen Pastor. Der antwortete: „Ich halte sie so gut ich kann. Sollte es einmal nicht gelingen, liegt es am Teufel und nicht an meinem guten Willen."

❖ Auf dem Konveniat, dem wöchentlichen Treffen der Priester, sagte ein Pfarrer: „Ich bin ja vielleicht kein Überflieger, aber in Demut macht mir so schnell keiner etwas vor."

❖ Der Prediger hatte der Gemeinde die Hölle heiß gemacht, die auf alle warte, die sich nicht bekehren. Nach dem Gottesdienst fragte ihn einer: „Haben Sie keine Angst, dass Sie selber in die Hölle kommen?" „Ich hoffe nicht", antwortete er. „Aber eins weiß ich sicher: dass ich einige von euch dort antreffen werde."

❖ Der Pfarrer hatte beim Schützenfest seine Haushälterin mitgebracht. Diese wurde vom Schützenkönig mit „Frau Pastor" begrüßt. Sie war nicht auf den Mund gefallen und sagte zum König: „Sie merken aber auch alles."

❖ Der Ortspfarrer wurde vom Schützenoberen gefragt, ob er nicht den Vogel abschießen wolle. Der antwortete: „Habe ich doch schon, indem ich Pfarrer geworden bin.

❖ Die Lehrerin fragte in der Grundschule die Kinder, ob sie alle einen Schutzengel hätten. „Ich nicht", sagte einer. „Aber meine Oma hat zwei auf ihrem Nachtschränkchen stehen."

❖ Ein Pfarrer nutzte das Evangelium vom ungetreuen Verwalter auf seine Weise. Nach der Kirchenbesucherzählung sagte er zum Küster: „Multipliziere alle Zahlen mit zwei und melde diese zum Bistum!" Der Küster machte es wie angewiesen. Nach einem Monat fragte er den Pastor, wie das ausgegangen sei. „Ich werde Leiter des bischöflichen Seelsorgeamtes", vertraute der Pfarrer dem Küster an.

❖ Nach dem Konzil legten viele Priester den steifen Kragen, scherzhaft Kalkleiste genannt, ab und gingen in Zivil. Ein junger Priester wählte eine sehr bunte Kleidung. Bei einem Treffen fragte ihn der Bischof, ob er nicht etwas zu bunt gekleidet sei. Der Geistliche antwortete: „Herr Bischof, Hauptsache die Seele ist schwarz!"

❖ Bei der Firmung fragte ein Bischof ein Mädchen nach ihrem Namen. Es nannte einen ziemlich exotischen Namen. „Sollen wir nicht Maria hinzufügen?", fragte der Bischof die Jugendliche. „Nein", sagte das Mädchen, „entweder Sie nennen mich so, wie ich heiße, oder Sie können den Heiligen Geist für sich behalten!"

❖ Ein Priester wurde zu einem Sterbenden gerufen. Noch während der Krankensalbung tat der Kranke einen tiefen Seufzer und dann war Ruhe. Der Priester sagte zu den Angehörigen: „Er hat es geschafft." Auf einmal sprach der vermeintlich Tote: „Herr Pastor, wollen Sie nicht noch ein Schnäpschen trinken?"

❖ Im Kommunionunterricht sprach der Pastor über die Schöpfung und erwähnte die sieben Tage, die Gott dafür gebraucht habe. Ein Kind meldete sich und sagte, dass der Biologielehrer aber gesagt habe, die Welt sei durch „Revolution" entstanden. „Evolution", korrigierte der Pastor, „nicht Revolution". „Ach so", sagte das Kind. „Dann war es ja doch nicht so schlimm."

❖ Ein Pfarrer war in seiner Gemeinde sehr unbeliebt. Als er 70 wurde, hörte die Gemeinde, dass er in den Ruhestand gehen wolle. Als dann das Schützenfest kam, an dem auch der Pfarrer teilnahm, sagte der Schützenobere scheinheilig: „Was habe ich da gehört? Herr Pfarrer, Sie wollen uns leider verlassen? Das wird aber allgemein bedauert." Da stand der Geistliche auf und sagte: „Ich wusste ja nicht, dass ich hier so gut gelitten bin. Ich tue Ihnen gerne den Gefallen und bitte den Bischof um Verlängerung meiner Amtszeit." Den Schützenoberen hätte die Gemeinde am liebsten gelyncht.

❖ Der Pfarreirat beschloss, mehr Werbung für den Kirchbesuch zu betreiben. Es wurden Plakate entworfen. Auf einem stand: „Es ist nie zu spät zum Beten, allerdings immer höchste Zeit." Auf einem anderen war zu lesen: „Wenn du glaubst, du brauchst die Kirche nicht, leistest du zu viel Verzicht!" Ein weiteres Plakat wurde noch deutlicher: „Wer sonntags pennt statt zu beten, dem geht die Ewigkeit bald flöten."

❖ Ein Gemeindemitglied wollte seinen Pfarrer ärgern. Der Mann fragte ihn, was er eigentlich können müsse, um Priester zu werden. „Nichts Außergewöhnliches", sagte der Pfarrer, „Latein, Griechisch, Hebräisch. Außerdem muss er die Bibel einigermaßen verstehen." „Mehr nicht?", fragte der Herr. „Mehr nicht", sagte der Pastor. „Dann kann bei Ihnen wohl jeder Esel Pastor werden", meinte der Ungemütliche. „Nein", sagte der Pastor, „das auch wieder nicht. Denn dann könnten Sie ja mein Kollege werden."

❖ Die Maurer, die an der Kirche arbeiteten, fragten den Pfarrer, ob er wüsste, wie lange die Ewigkeit dauert. Er konnte die Frage nicht beantworten. Da sagte einer der Handwerker: „Es dauert eine Ewigkeit, bis der Pastor uns eine Kiste Bier ausgibt."

❖ „Der Zölibat ist eine Zierde der Kirche", sagte ein Priester in seiner Predigt und fuhr fort: „Sollte der Papst ihn abschaffen, werden unsere Kindeskinder ihn wieder anschaffen."

❖ Ein evangelisches Kind kam aus dem katholischen Kindergarten nach Hause. Die Mutter fragte: „Was habt ihr denn heute gemacht?" „Wir haben gefeiert", sagte das Kind. „Was denn?" fragte die Mutter. „Maria im Gefängnis", antwortete das Kind. Weil die Mutter das nicht verstand, rief sie die Erzieherin an und erfuhr, dass der Kindergarten das Fest Mariä Empfängnis gefeiert hatte.

❖ „Heute war der Erdbeerschorsch in der Schule", erzählte Klaus zu Hause. „Wer?", fragten die Eltern. „Der Erdbeerschorsch". Die Eltern schüttelten den Kopf. Komisch. Am nächsten Tag ging die Mutter mit zur Schule und fragte den Lehrer nach dem seltsamen Besuch. Klarstellung: Der Erzbischof hatte die Klasse von Klaus besucht.

❖ „Können Sie sich nicht dafür einsetzen, dass mein Mann heiliggesprochen wird?", sagte eine Frau zu ihrem Pastor. „Der hat doch immer so viel Gutes für die Kirche getan." „Das geht nicht", sagte der Pastor, „denn er ist ja noch nicht gestorben. Aber ich mache einen Vorschlag: Er soll sich scheintot stellen, dann kann der Papst ihn scheinheiligsprechen."

❖ Ein Politiker hatte vom Papst den Silvesterorden bekommen. Leute, die den Mann gut kannten, sagten: „Wir haben immer schon gesagt, dass der zu viel trinkt."

❖ Da man in der heutigen Zeit vor Störern in der Kirche nicht mehr sicher ist, hatte eine Gemeinde wie in früherer Zeit einen Kirchenschweizer eingestellt. Als ein Mann hinten in der Kirche anfing zu rauchen, stauchte der strenge Ordner ihn zusammen und zeigte ihm die Tür. „Ich wollte doch nur dem Herrn ein Rauchopfer darbringen", verteidigte sich der Raucher in der Kirche.

❖ Ein Mann kam in die leere Kirche, ging zur Statue des Heiligen Antonius von Padua und sagte laut: „Heiliger Antonius, nun mach mal langsam voran! Wie lange soll ich noch spenden?" Das hörte der Küster in der Sakristei. Er ging zu dem Mann und fragte ihn, was denn los sei. „Ich habe meinen Hausschlüssel verloren und rufe schon den ganzen Tag Antonius an, ohne Erfolg." Der Küster hatte nach der Messe am Morgen einen Schlüsselbund gefunden und trug ihn in seiner Tasche. Er nahm ihn heraus und zeigte ihn dem eindringlichen Beter. „Ist es vielleicht dieser?", fragte er. „Verdammt nochmal, das ist wirklich eine prompte Bedienung vom Antonius. Man muss es ihm nur deutlich sagen", kam es aus dem Glücklichen heraus. Er nahm den Schlüssel, warf noch einmal einen Zehner in den Opferstock für die Armen und ging nach Hause.

❖ Der Rat der Pfarrei hatte beschlossen, an Tagen mit wenig Kirchenbesuch die hinteren Bänke mit einem Band zu sperren, damit alle mehr nach vorne gingen. Auf einem Schild stand geschrieben „Nur für große Feste". Als die älteren Christen zur Seniorenmesse kamen, sagte ein Mann zu einer etwas korpulenten Frau: „Du darfst da hinein. Du bist ja eine große Feste."

❖ „Warum küsst der Priester den Altar?", fragte ein Kind den Küster. Der hatte eine einfache Antwort parat: „Was soll der anderes machen, er hat ja keine Frau."

❖ Ein Pastor wollte in den Jahresurlaub fahren und stellte am Sonntag vorher seinen Ferienvertreter der Gemeinde vor. Es unterlief ihm dabei ein Versprecher. „Darf ich vorstellen", sagte er, „das hier ist für die nächsten vier Wochen mein Verräter."

❖ In einigen Gemeinden gab es wegen der geplanten Fusion viel Ärger, sodass ein Bischofsvertreter kam, um die Gemeindemitglieder zu beruhigen. Er wollte von einem guten Exodus (Ausgang) sprechen und sagte im Brustton der Überzeugung: „Wir werden bestimmt einen Exitus finden, der alle beruhigen wird."

❖ Ein ziemlich depressiver Pfarrer, der fast jede Predigt zu einer Trauerrede machte, sollte bei der Hundertjahrfeier des Schützenvereins ein Grußwort sprechen. Man rechnete damit, dass er wenigstens zu diesem schönen Fest etwas Aufmunterndes sagen würde. Doch er schaffte es wieder und sagte: „100 Jahre Schützenverein in unserem Dorf. Eine lange Zeit. Wie viele Schützenbrüder sind in dieser Zeit gestorben!"

❖ Ein Diakon, der bei einer kirchlichen Trauung innere Zweifel an der Liebe des Brautpaares hatte, wollte die Hochzeitsgäste zur Trauungsfeier begrüßen, versprach sich dabei und sagte: „Ich begrüße alle zu dieser Trauerfeier."

❖ Wegen des Priestermangels übernehmen immer häufiger Laien in der Kirche Beerdigungen. Eine

Trauerfamilie war gar nicht damit einverstanden. „Wir verlangen einen Priester!" sagte einer der Angehörigen. Der leitende Pfarrer erwiderte: „Wir haben kaum noch welche. Könnten Sie nicht einen für die Zukunft stellen? Sie haben doch drei Söhne." Daraufhin kam die Antwort: „Für wie bekloppt halten Sie uns eigentlich?"

❖ Der Messdiener hatte bei der Messfeier die Kännchen vertauscht. Der Priester stellte das erst bei der Kommunion fest, weil das Blut Christi doch sehr wässrig schmeckte. In der Sakristei sagte er später: „Ich wusste immer, dass Jesus Wasser in Wein verwandeln konnte dass er das auch umgekehrt kann, habe ich heute erfahren."

❖ Ein Messdiener fragte seinen Pfarrer, ob er auch Priester werden könne. „Kannst du", sagte der Pastor, „aber dann musst du auf die Ehe verzichten". „Kein Problem", sagte der Junge, „meine Eltern kloppen sich sowieso dauernd."

❖ „Warum können Frauen eigentlich keine Priester werden?", fragte eine Messdienerin den Pastor. „Weil Jesus als Apostel nur Männer genommen hat", antwortete der Geistliche. „Er hat doch auch nur Israeliten genommen. Warum macht man denn da eine Ausnahme und nimmt Deutsche?", erwiderte das Mädchen. Darauf wusste der Pfarrer keine Antwort. „Sehen Sie!", sagte das Mädchen. „Es steht 1 zu 0."

❖ Eine Katechetin hatte eine seltene Sammlerlei-denschaft entwickelt. Sie sammelte die oft drol-ligen Antworten der Kinder. Zusammengestellt hatte sie so für das apostolische Glaubensbe-kenntnis folgende Version aus Kindermund: Statt „apostolisches Glaubensbekenntnis" „gestoh-lenes Glaubensbekenntnis", statt „Allmächtigen" „Andächtigen", für „Schöpfer des Himmels" „Töpfer des Himmels", „eingeborener Sohn" „eingebildeter Sohn".

Weiter hieß es dann: „gefangen durch den Hei-ligen Geist", „geboren von Fräulein Maria", „ge-litten unter Papst Pilatus", „hinabgestiegen in den Teich des Todes", „aufgestanden von den Toten", „er sitzt rechts vom andächtigen Vater", „von dort wird er kommen zu richtigen Leben-digen", „ich glaube an den heilen Geist", „die scheinheilige Kirche", „die Vergabe der Sün-den", „das ewige Leiden".

❖ Evangelische Kinder besuchten eine katholische Kirche. Die Küsterin erklärte ihnen alles. Der Tabernakel erregte die Aufmerksamkeit eines Kindes. „Was ist das für ein Schrank?", fragte ein Kind. „Das ist ein Tabernakel. Da ist Je-sus drin", erklärte die Küsterin. „Was hat der denn gemacht, dass ihr ihn einsperrt?", fragte das Kind. Die Küsterin wusste keine Antwort auf diese Frage.

❖ An der Marienstatue gab die Küsterin den evan-gelischen Kindern folgende Erklärung: „Das ist Maria, die Mutter von Jesus, die Magd des

Herrn." Die evangelischen Kinder schauten sich Maria mit der wunderschönen Krone an. Dann sagte einer: „Als Magd hat die sich aber ganz schön rausgemacht."

❖ Das Beichtzimmer forderte die Neugier der evangelischen Kinder bei der Besichtigung der katholischen Kirche ganz besonders heraus. Das gibt es in ihrer Kirche bekanntlich nicht. „Was ist das denn für eine Bude?", fragte einer. „Das ist keine Bude", erklärte die Küsterin, „das ist ein Raum für die Beichte. Da sagen die Leute dem Pastor, was sie Böses getan haben." „Was macht der dann damit?", fragte der Junge. „Er sagt es dem lieben Gott und keinem anderen", antwortete die Küsterin. „Und was macht der damit?", nervte der Knabe die Küsterin weiter. „Der verzeiht dem Sünder", kam es von der Küsterin. „Cool", sagte der Junge. „Die Bude gefällt mir. Könnte man bei uns auch machen."

❖ Ein Pfarrer kann so manches erleben. Einmal bat ihn eine Frau um die kirchliche Beerdigung ihres Mannes, der aus der Kirche ausgetreten war. Der Pfarrer fragte, ob das denn dem Willen ihres Mannes entspräche. „Das weiß ich nicht", sagte die Frau, „er hat sich diesbezüglich nie geäußert." Nun gut, dann machen wir das", sagte der Pfarrer, ‚Wer nicht gegen uns ist, ist für uns' (Mk 9,40), hat Jesus gesagt. Wie wäre es denn in dem Falle mit einer guten Spende?" „Tut mir leid", sagte die Frau, „dafür war mein Mann nie."

❖ Ein Bräutigam bat den Pfarrer, der sie trauen wollte, darum, bei der Trauung nicht das Wort Tod zu benutzen. Das sei für eine Hochzeit doch viel zu traurig. Statt „bis der Tod euch scheidet" könne er doch einfach sagen: „bis zur Scheidung". „Nein", sagte der Traupriester, „das geht nicht. Das wäre ja nicht lebenslänglich." „Eben", sagte der Bräutigam, „die Strafe wollte ich gerade vermeiden."

❖ Ein Knabe fragte seinen Vater, warum man den Ort, wo die Toten begraben werden, Friedhof nennt. „Weil sich die Toten nicht mehr zanken können. Sie bewahren Ruhe und Frieden", antwortete der Vater.

❖ Der Pastor fragte ein Brautpaar, ob es auch Kinder haben wolle. „Lieber nicht", sagte die Braut. „Das wäre eine zu große Last." „Nun ja", sagte der Pastor, „Liebe ohne Opfer gibt es eben nicht." „Gibt es wohl", sagte die Braut, „das haben wir schon jahrelang ausprobiert."

❖ „Warum sind die evangelischen Pfarrer eigentlich verheiratet?", fragte ein Messdiener seinen Pastor. „Weil sie es nicht so gut haben sollen wie wir", antwortete der katholische Pastor.

❖ „Ich glaube nicht, dass der Papst unfehlbar ist", sagte ein Schüler im Religionsunterricht. „Ich glaube das auch nicht", sagte der Religionslehrer, „aber lassen wir ihn in seinem Glauben."

❖ Weihnachten war große Aufregung in St. Petersilien. Das Jesuskind war aus der Krippe verschwunden. Bald kam ein Wohnungsloser in Verdacht, der gelegentlich in der Kirche gesehen wurde. „Weißt du, wo der kleine Jesus aus der Krippe geblieben ist?" fragte man ihn, als er gerade in einer ungenutzten Garage sein Nachtlager zurechtzog.

„Den habe ich mitgenommen. Den nehme ich mit unter meine Decke. In der Krippe ist es ja für das Kind viel zu kalt", verteidigte er sich. Als man dem Pfarrer davon berichtete, sagte der: „Ein guter Tipp für meine Weihnachtspredigt".

❖ „Wenn zwei Päpste sich streiten, freut sich dann der dritte?", fragte ein Kardinal einen anderen. „Nein", sagte der andere, „dann stirbt der erste."

❖ Wieder einmal musste ein Vater dem Sohn kirchliche Besonderheiten erklären. Diesmal betraf es die Orden. Auf die Frage, warum die Jesuiten SJ hinter ihren Namen schreiben, kam die Antwort: „Das bedeutet: Schlaue Jungs". „Und die Franziskaner mit ihrem OFM?" „Die sind ohne feine Manieren." „Und die Redemptoristen?" „Das sind Redetouristen." „Und die Kapuziner?" „Das sind Kaffeetrinker." Schließlich wollte der Sohn noch wissen, was denn mit den Schwestern der göttlichen Vorsehung sei. In kirchlichen Dingen bewandert wusste der Vater auch dafür eine andere Bezeichnung: göttliche Rundschau".

❖ Ein frommer Mann ging beichten. „In Demut und Reue bekenne ich meine Sünden. Ich habe nichts gemacht", bekannte er. „Das ist schlimm genug", sagte der Beichtvater, „gehen Sie hin und machen Sie endlich was!"

❖ „Wann wird eine lässliche Sünde zur schweren?", fragte einer den Pater, der eine Missionswoche hielt. „Ganz einfach", sagte er, „wenn man es nicht mehr lassen kann."

❖ Ein nicht mehr ganz nüchterner Mann begegnete beim Verlassen seiner Stammkneipe dem Pastor. Der sprach ihn an und sagte: „Sie sind auch nicht mehr ganz allein." „Nehmen Sie es mir nicht übel", sagte der Mann, „ich halte es bei meiner Frau manchmal nicht aus. Dann gehe ich einen trinken." „Ich beneide Sie um Ihre Ausrede", sagte der Pastor, „mir ist sie leider nicht vergönnt."

❖ „Könnten Sie nicht heute im Gottesdienst den Lektor machen?", fragte der Pastor einen Kirchbesucher. „Machen kann ich den nicht", antwortete der, „aber stellen kann ich ihn."

❖ In einem Stadtviertel sollte die Kirche geschlossen werden, weil es am Sonntag zu wenige Kirchbesucher gab. Diese sollten auf die Nachbarkirche ausweichen. Das beunruhigte den Pfarreirat. Der beschloss eine Werbeaktion. Ein Zettel wurde in alle Briefkästen geworfen: „Verschlafe nicht die Sonntagsruh, sonst macht man unsere Kirche zu!" stand darauf geschrieben. Die Wirkung blieb nicht aus. Die Kirchenbänke füllten sich in den folgenden Wochen.

Als man sich des Erfolges sicher war, lud die Gemeinde den Bischof ein, damit er sah, wie voll die Kirche war und sein Vorhaben, die Kirche zu schließen, einstellte. Das klappte wunderbar.

Doch an den Wochenenden danach verteilten nachts unbekannte Bösewichter in den Briefkästen neue Zettel mit dem Satz: „Schlaft sonntags weiter unverdrossen. Die Kirche wird jetzt nicht geschlossen." Leider hatte diese Werbung Folgen: Die ganze Geschichte fing von vorne an.

❖ Eine Gemeinde im Sauerland hatte wegen des Priestermangels keinen eigenen Pastor mehr. Es gab immer seltener eine Messfeier durch Priester aus den Nachbargemeinden. Der Gemeinderat gab deshalb eine Anzeige in den Zeitungen auf: „Suchen alten Priester zum Zelebrieren. Predigen nicht nötig. Wir sind alle brave Leute.
Wir würden den Priester auch auf Händen tragen, wenn er nicht mehr laufen kann."
Ein Priester meldete sich: „Ich käme gerne, höre allerdings immer noch gerne Beichte. Darum wäre mir sehr daran gelegen, wenn sich wenigstens noch einige in Ihrem Dorf zum Sündigen durchringen könnten."

❖ Kirchenbesichtigungen kommen immer mehr in Mode, weil viele das Innere des Gotteshauses nicht mehr kennen, geschweige denn die Bedeutung der einzelnen Gegenstände und Figuren. Kinder sind dann immer sehr neugierig und stellen Fragen.

Bei der Besichtigung der Orgel fielen einer Gruppe die schwarzen Tasten zwischen den weißen auf. „Wofür sind die denn?", fragte einer. „Ist doch klar", sagte ein Mädchen, „die sind für die Totenmesse."

„Warum gibt es in den Kirchen so viele Bilder?", wollte einer wissen. „Weil die Menschen früher meistens nicht lesen und schreiben konnten. Da hat man dann die biblischen Geschichten abgebildet", erklärte ein Religionslehrer, als er mit einer Klasse durch die Kirche ging. „Siehst du", sagte ein Schüler zu einem anderen, „es gab auch früher schon Fernsehen."

❖ Ein frommer Katholik hatte einen Verkehrsunfall. Er war enttäuscht, dass die Fahrzeugsegnung mit Anbringung der Christophorusplakette ihn nicht vor dem Unfall bewahrt hatte. Er fragte den Pastor, wie das möglich sei. Der Pastor fragte: „Wie schnell sind Sie denn gefahren?" „160", sagte der Mann. „Wussten Sie denn nicht", sagte der Pastor, „dass Christophorus bei 140 aussteigt?"

❖ Zwei Jungen hatten gerade gebeichtet und bekamen danach vor der Kirche Streit miteinander. Da sagte der eine zum anderen: „Du kannst dich freuen, dass ich dich jetzt nicht verprügele. Aber sobald ich wieder aus dem Stande der heiligmachenden Gnade bin, bekommst du deine Abreibung."

❖ Ein Pfarrer, der manche seiner Pfarrangehörigen an Don Camillo erinnerte, sagte bei der Ankündigung von Sonderkollekten: „Nächsten Sonntag ist die Kollekte geräuschlos." Er hoffte so auf Geldscheine statt der vielen Münzen.

Doch einige Schlitzohren kamen auf die Idee, statt Geldscheine Papierschnitzen in den Klingelbeutel zu werfen. Zwei Wochen später donnerte der Pastor in seiner Predigt: „Geldscheine wollte ich haben, ihr aber habt eine Schnitzeljagd daraus gemacht. Ich werde sie nutzen, um in der Hölle das Feuer für die Falschspender anzufachen."

❖ „Warum ist eigentlich auf dem Kirchturm ein Hahn?", fragte ein Kind seinen Vater. „Weil der Hahn nur einmal in der Frühe kräht", erklärte der Vater. „Stell dir vor, man nähme ein Huhn, das den ganzen Tag gackert. Das hält doch keiner aus."

❖ Der Papst sprach zum Heiligen Geist: „Kannst du nicht mal deine Gaben den stockkonservativen Kardinälen geben und sie erleuchten?" „Ich investiere nicht gerne an falscher Stelle", sagte der Heilige Geist. „Ich gebe dir lieber einige Gaben mehr, damit du in Zukunft vernünftige Kardinäle ernennst."

❖ „Gehst du auch zum ökonomischen Gottesdienst?", fragte einer seinen Mitschüler. „Das heißt ökumenisch", antwortete der. „Ist doch scheißegal", sagte der, „Hauptsache christlich".

❖ Nach dem Zweiten Vatikanischen Konzil glaubten einige junge Priester, dass der Zölibat bald abgeschafft würde. Wenn schon das Latein bei der Messe abgeschafft wurde, warum dann nicht auch die Ehelosigkeit der Priester? Einer hatte sich bereits in ein schönes Mädchen verliebt und ihr auch seine Liebe gestanden. Doch als die Abschaffung nicht kam, sagte der Priester zu der jungen Frau: „Es tut mir leid. Es wird wohl nichts mit uns beiden. Der Zölibat bleibt." „Es tut mir auch leid", sagte sie, „ich habe nämlich längst einen anderen."

❖ Ein Kirchenkritiker sprach bei einer Visitation den Bischof an. „Die katholische Kirche ist stinkreich. Sie bekommt ja nicht nur die Kirchensteuer, sondern auch noch Geld vom Staat für den bischöflichen Stuhl. Ist das denn nötig?"
Der Bischof konterte ironisch: „Das brauche ich. So ein Stuhl ist bekanntlich sehr alt. Wenn der zusammenbricht, dann kostet die Restaurierung eines solchen Möbelstücks viel Geld. Es ist eine Katastrophe, wenn ich dann nichts in der Hinterhand habe. Wo soll ich mich denn dann hinsetzen?"

❖ „Haben Sie schon einmal erlebt", fragte ein Junge den Bischof, „dass die Firmung nachher Wirkung zeigte?" „O ja", sagte der Bischof, „einmal habe ich einen Jungen gefirmt, der hat gleich beim nächsten Fußballspiel ein Tor geschossen."

❖ Ein Mädchen fragte in der Firmvorbereitung die Katechetin: „Stimmt das, dass man nicht kirchlich heiraten kann, wenn man nicht gefirmt ist?" Die Katechetin antwortete: „Es geht auch ohne Firmung. Aber die Ehe wird dann meistens nicht so glücklich."

❖ Neben dem Pfarrhaus lag ein katholischer Kindergarten. Als ein Kind den Pastor sah, sagte es: „Bist du nicht der Kirchenmann?" „Ja", sagte der Pfarrer, „bin ich". „Das ist gut", sagte das Kind, „ich bin nämlich ein Kirchenkind."

❖ Während der Predigt kam ein Mann in die Kirche und rief laut: „Reden Sie nicht so viel dummes Zeug!" Der Prediger hielt an und sagte: „Ich bemühe mich und wünsche Ihnen das Gleiche." Der Mann verließ die Kirche offensichtlich zufrieden.

❖ Im Reformationsjahr wurde auch im katholischen Religionsunterricht viel über Martin Luther gesprochen. Ein Schüler fragte den Religionslehrer: „Ist Luther jetzt ein Heiliger?" „Nein", sagte der Religionslehrer, „dann hätte er katholisch bleiben müssen."

❖ „Wusste Luther, als er seine Katharina heiratete, dass er dann kein Mönch mehr war?", fragte eine Schülerin im Religionsunterricht.
„Das wird er gewusst haben", sagte die Religionslehrerin, „aber das war ihm dann auch egal."

❖ „Wusste Luther, als er die Bibel übersetzte, dass dies Folgen haben würde?", fragte einer im Religionsunterricht. „Klar", antwortete der Lehrer. „Es hat immer Folgen, wenn einer etwas verstehen kann."

❖ „Hat das Auswirkungen gehabt, dass die Evangelischen die Feldprozessionen abgeschafft haben?", wollte ein Schüler vom katholischen Schulpfarrer wissen. „Kaum", sagte der. „Es gab höchstens hier und da etwas mehr Unkraut."

❖ „Glauben Sie an die Ewigkeit?", fragte der Bürovorsteher seine Sekretärin. „Weiß ich nicht", sagte sie, „ich weiß nur, dass Sie mich mit Ihren Fragen nicht ewig belästigen werden."

❖ „Hat dir das nie leidgetan, dass du zur katholischen Kirche übergetreten bist?", fragte ein ehemaliger Konfirmand seinen alten Freund. „Nein", sagte der, „wohl schon mal weh."

❖ „Haben Sie nie an Scheidung gedacht?", fragte der Seelsorger eine Frau, die ihm einiges aus ihrer Ehe klagte. „Nein", antwortete sie, „nicht eine Minute habe ich an Scheidung gedacht, wohl schon mal an Mord."

❖ „Ist das eigentlich eine Sünde, wenn man sich schön findet?", fragte ein Mädchen den Kaplan. „Nein", antwortete der, „es ist allerdings häufig ein Irrtum."

❖ Die Frauengemeinschaft machte jedes Jahr eine Wallfahrt. Dabei wechselte man die Wallfahrtsorte. Als jemand als Ziel das Stromberger Kreuz empfahl, sagte eine Frau: „Können wir nicht das Kamener Kreuz nehmen? Das ist doch viel näher."

❖ Eine fromme Frau klagte bei ihrem Pfarrer über häufige Kopfschmerzen. „Dabei bete ich so viel", sagte sie. „An Gott muss es nicht liegen", sagte der Pfarrer und ergänzte: „Es kann auch sein, dass Ihr Heiligenschein zu stark drückt."

❖ „Warum hat Jesus eigentlich 12 Apostel berufen? 11 hätten doch auch genügt, wie beim Fußballspiel." So fragte ein Sportler den Pastor. „Stimmt", sagte der, „aber damals gab es noch kein Fußballspiel."

❖ „Karneval ist kein kirchliches, sondern ein weltliches Fest", erklärte der Pfarrer. „Klar", sagte ein Karnevalist, „darum sind ja auch 11 Leute im Elferrat und nicht 12 wie bei den Aposteln."

❖ Ein Pfarrer, der gerne Moralpredigten hielt, vertraute einem Mitbruder an, dass er oft sehr betrübt sei, weil die Leute seine Predigten nicht befolgten. Der Mitbruder tröstete ihn: „Sei doch froh! Wenn sie deine Predigten befolgten, ginge dir ja bald der Stoff aus."

❖ Ein Pastor wunderte sich, dass Christen, die sonntags nicht in der Kirche waren, sondern in der Gaststätte, trotzdem den Inhalt seiner Predigten kannten. Er fragte deshalb beim Wirt nach. „Ach", sagte der, „das ist ganz einfach zu erklären. Ich habe die gleiche Predigerzeitschrift abonniert wie Sie und lege sie an der Theke aus."

❖ Ein Schüler hatte in einem Aufsatz einen unanständigen Witz notiert, weil er dachte, dass der Lehrer die Aufsätze seiner Schüler gar nicht liest. Doch da hatte er sich geirrt. Der Lehrer wies ihn zurecht und sagte: „Zur Strafe schreibst du ihn jetzt zehnmal!"

❖ Der Küster hatte zur Trauung eines Braupaares ein schwarzes Messgewand ausgelegt. Der Pfarrer schüttelte den Kopf und sagte: „Was soll das denn? Wir haben doch keine Beerdigung!" Der Küster erklärte: „Ich kenne das Brautpaar. Ihre Hochzeit ist ein Trauerspiel! Ich lege immer das Passende aus."

❖ Nach der Beerdigung fragte der Pastor einen Mann, der ihm auffiel, weil er die ganze Zeit etwas lächelte: „Sind Sie verwandt mit dem Verstorbenen?" „Nein", sagte der. „Bekannt?", fuhr der Pastor fort. „Nein, auch das nicht." „Warum gehen Sie dann mit?", fragte der Geistliche. „Weil ich mich dann immer freue, dass ich noch lebe", antwortete der Mann.

❖ Ein Pfarrer machte Urlaub in Tirol, allerdings inkognito. Bei einer Bergwanderung sagte einer zu ihm: „Sie sind sicher von Beruf Gastwirt." „Stimmt", sagte der Pfarrer, „aber in einer etwas gehobenen Gesellschaft".

Geschichten zum Lachen

Ein Bischof reist inkognito

Der Papst hatte entschieden. Das länger verwaiste Bistum bekam einen neuen Bischof. Während der Sedisvakanz, auf Deutsch Leerstuhl, war viel gemunkelt worden, wer wohl der künftige Bischof sein würde. Manche Priester trauten sich das selber zu. Andere, die oft selber nicht daran dachten, wurden von anderen ins Gespräch gebracht.

Es gab verschiedene Gründe, Kandidaten in Erwägung zu ziehen: Weil einer in Rom an der berühmten Gregoriana studiert hat, geistlich geprägt im Priesterseminar Germanicum, oder weil er Generalvikar war und eine Beförderung erwartet werden durfte, vielleicht auch, weil einer klug war und schon Gutes von sich gegeben hat, manchmal auch aus Gründen guter Beziehungen, Vitamin B genannt, was auch immer an einen Bestimmten denken ließ, es fehlte jedenfalls nicht an Namen. Wenn sie darauf angesprochen wurden, reagierten sie mit dem Wort „Quatsch" oder lachten einfach.

Doch jetzt hieß es: „Roma locuta, causa finita." Rom hat gesprochen, und die Sache ist erledigt. Es fehlte allerdings noch die namentliche Bekanntgabe. Man sprach davon, dass der Papst einen „in pectore" habe, also in seiner Brust. Da gibt es einen Raum des Schweigens. Der Grund für die Geheimhaltung war in diesem Fall, dass der Erwählte den Wunsch geäußert hatte, sich sein Bistum eine Weile inkognito anzusehen. Der Papst hatte dem zugestimmt.

Aber auch das blieb geheim, weil man sonst jeden im betreffenden Bistum Herumlaufenden verdächtigt hätte. Es wurde einfach gesagt, dass noch der Form halber Regierungsstellen gefragt werden müssten.

Das sind die Stellen, wo häufig etwas durchsickert, was dann mit Dementis ausgeglichen wird. Einmal half ein Priester, der den Schalk im Nacken hatte, nach, nannte einem Journalisten gegenüber den Namen eines ambitiösen Domkapitulars und bewirkte damit, dass der zwei Tage später mit Bild als der wahrscheinlich neue Bischof in der Zeitung stand. Seine spätere Enttäuschung hat er vielleicht mit einem Psychologen besprochen.

Der vom Papst auserwählte Kandidat fuhr indessen einen Monat lang mit Fahrrad und Rucksack durch die Diözese. Er suchte Kirchen auf, hörte sich die Predigten an, sprach mit Leuten über ihre Arbeitsverhältnisse, schlief in Gasthäusern oder bei Privaten. Manchmal schellte er an Pfarrhäusern an und machte die unterschiedlichsten Erfahrungen.

Ein etwas lustiger Pfarrer öffnete ihm mit den Worten: „Kommen Sie rein, und wenn's der Teufel ist." Er durfte dort übernachten. Beim Frühstück erzählte der Hausherr ihm den Witz von dem Geistlichen, der eine Haushälterin suchte und in der Annonce geschrieben hatte: „Je nach Ausgang des Konzils wird Einheirat geboten."

Da in der Zeit gerade Karneval war, nahm der künftige Bischof auch an einem Pfarrkarneval teil. Dazu hatte er sich als Bettler verkleidet, was ihm fast einen Rausschmiss einbrachte, denn in der Gemeinde von besseren Leuten wollte man eigentlich keine Unterschicht in ihren Reihen haben. Den Kandidaten rettete der Hinweis, dass es ja nur Spaß sei, eine Verkleidung.

Die Predigten, die der künftige Hirte des Bistums hörte, waren sehr unterschiedlich, manchmal langweilig, dann wieder spritzig, intellektuell oder einfach, sehr nüchtern, aber auch warmherzig.

Der Gast musste aufpassen, dass er nicht zu gut sang oder antwortete: „Und mit deinem Geiste". Lieber passte er sich dem Gemurmel der Gemeinde an, um nicht als Frommer aufzufallen.

Einmal fragte ihn einer: „Wo kommen Sie denn her?" Seine Antwort: „Ich bin auf der Durchreise" genügte dem Fragesteller.

Ein weiteres Mal blieb er nach dem Gottesdienst draußen bei einer Gruppe stehen. Die Leute unterhielten sich über den neuen Bischof, der bald kommen würde. „Hoffentlich ist das einer, der etwas vom Leben versteht und nicht so ein Himmelskomiker", sagte einer. Ein anderer sagte: „Wir brauchen einen Seelsorger und keinen Manager:"

Eine im Gemeinderat Engagierte sagte: „Wir brauchen keine Abrissbirne für unsere Kirchen sondern einen Hirten mit Visionen." „Wir werden sehen", sagte eine alte Frau, „Vielleicht wundern wir uns ja."

Unerkannt verließ der Kandidat die Runde und dachte sich seinen Teil.

Als er später in sein Amt eingeführt wurde, wunderten sich tatsächlich einige und sagten: „Der kommt mir irgendwie bekannt vor." Vom Nuntius nach seinen Erfahrungen bei seiner heimlichen Tour durchs Bistum gefragt, sagte er: „Ich habe gute Exerzitien gemacht."

Als er schließlich sein Bistum klug und bodenständig zugleich leitete, fragten einige wie bei Jesus: „Woher hat er diese Weisheit und die Kraft, solches zu tun?" (Mt 13,54)

Ein verrückter Pfarrer

In dem bekannten Ort Pussemuckel bekam man einen neuen Pfarrer.

Vor seiner Einführung hatte man ihm gesagt, dass es in seiner neuen Pfarrei eine Tratschtante gäbe, vor der er sich hüten solle. Wenn er ihr etwas anvertrauen würde, ginge das im Nullkommanix durch das ganze Dorf. Der Pfarrer bedankte sich für diesen Hinweis, verhielt sich später aber völlig diametral.

Er suchte schon bald dieses Gemeindemitglied auf und erzählte der Frau freimütig alles, was er in der Gemeinde ändern wollte. Er scheute sich nicht, die eine oder andere „heilige Kuh" zu nennen, die er schlachten wollte.

Er fing mit der Frühmesse an, die er bald schon abschaffen würde.

O je, welcher Teufel hatte ihn da geritten! Es gibt eine Stammkundschaft von Frühaufstehern, die auf die Barrikaden geht, wenn einer ihnen diese Möglichkeit, Gott zu loben, nehmen will. Sie können es nur zu der gewohnten Zeit.

Auch die Fronleichnamsprozession sollte anders verlaufen als seit Jahren in der Pfarrei üblich. Das geht schon mal gar nicht. Es gibt schließlich Daueraufträge zum Aufstellen der Altäre, die teilweise vererbt werden.

Es sollte auch mehr ökumenische Gottesdienste geben. Noch häufiger als zweimal im Jahr mit den Evangelischen beten? Wer kommt denn auf so etwas?

Laien sollten dazu befähigt werden, bestimmte Gottesdienste zu übernehmen. Frauen sollten mit Leitungsaufgaben betraut werden.

Noch mehr Weiber im Chorraum der Kirche? Spinnt der Pastor?

Er dachte auch daran, die Filialkirche St. Petersilien abzureißen und an der Stelle ein Seniorenheim zu bauen. Hat der Pfarrer sie nicht alle?

Was der Pfarrer beim ersten Besuch vergaß, erzählte er der Klatschbase beim nächsten Mal. Kein Pfarrblatt und keine Tageszeitung hätte schneller seine Vorhaben unter das Volk bringen können.

Jeder kann sich natürlich vorstellen, was bald in der Pfarrei los war. Die Ortskirche war auf einmal Thema. Es gab aufgeregte Diskussionen.

Bald verlangte man eine Pfarrversammlung. Sonntags füllte sich die Kirche, weil man hoffte, im Gottesdienst nähere Informationen über all das Verbreitete zu bekommen. Jemand dachte auch schon an eine Demo zur Rettung des Abendlandes.

Tatsächlich war der Boden bereitet, gewissermaßen umgepflügt. Der Pfarrer konnte seine Ideen hineinstreuen. Die Gemeinde, die sich lange Zeit weniger für die Kirche interessiert hatte, war plötzlich wieder da, war vom Schlaf erwacht. Das alles schließlich durch eine Frau, vor die man den Pastor gewarnt hatte.

Bald schon stellte die Gemeinde fest, dass sie einen ziemlich verrückten Pfarrer bekommen hatte. Man könnte sagen, dass er die Dinge häufig verrückte oder auf den Kopf stellte.

In der Kirche sagte er gelegentlich unmögliche Dinge. Statt moralisierend zum Kirchgang aufzufordern, sagte er: „Bleibt am Sonntag ruhig in den Betten liegen! Was wollen wir hier mit so vielen Leuten?"

Ein weiteres Mal sagte er den Eltern, dass sie ihren Kindern nicht zu viel über das ewige Leben und den

Himmel erzählen sollten. Nachher würden sie noch daran glauben.

Den Jugendlichen sagte er vor der Firmung: „Ihr könnt euch firmen lassen, aber Vorsicht, die Gefahr besteht, dass der Heilige Geist euren Glauben weckt."

Den Verliebten sagte er: „Überlegt euch das mit der kirchlichen Trauung. Nachher kommt ihr vielleicht nicht mehr auseinander."

Einmal sagte er in einer Predigt: „Am besten, ihr glaubt nicht an Gott. Wollt ihr etwa ewig leben?"

So hatte der Pfarrer immer wieder mehr Einfälle als die Kuh Ausfälle. Seine Predigten waren gespickt von Witz, Ironie und Humor. Zu Karneval war seine Kirche immer proppenvoll, weil er dann Büttenpredigten hielt.

Die Zeitungen waren voll von Ereignissen in Pussemuckel. Bald schon war der Pfarrer überall bekannt wie ein bunter Hund.

Ein auswärtiger Kirchenbesucher sagte zu einem Gemeindemitglied: „Ihr habt aber einen ziemlich verrückten Pastor." „Stimmt", sagte der, „aber dafür ist es bei uns nie langweilig und den Glauben übermittelt er trotzdem oder gerade dadurch."

Ein klerikales Hobby

Die meisten Menschen haben ein Hobby. Sie sammeln Briefmarken, beschäftigen sich mit Modellflugzeugen und vieles andere mehr.

Auch Priester haben Hobbys. Unter ihnen gibt es leidenschaftliche Ballonfahrer, auch Jäger, wobei man aus Gründen der Pietät bei ihnen Schürzenjäger ausschließt.

Manche Geistliche beschäftigen sich zum Ausgleich mit Dingen, die mit ihrem Beruf nur wenig zu tun haben.

Es gibt aber einige, die von ihrem Beruf nicht genug bekommen können. Man kann sogar den Eindruck haben, dass sie ihr Hobby zum Beruf gemacht haben. Sie sammeln Weihrauchfässer, Versehlampen, seltene Messgewänder und was sonst noch alles in Sakristeien oder auf Kirchenböden zu finden ist. Wenn man sie besucht, hat man den Eindruck, dass sie in einem kirchlichen Museum leben.

Da gab es nun vor einiger Zeit einen, der klerikale Titel sammelte.

Seine Angehörigen, die er als Erben eingesetzt hatte, fanden dies, als sie nach seinem Tod seine Wohnung aufräumten. Er hatte einen Ordner angelegt, in dem er alles sammelte, was es in der katholischen Kirche an Titeln gab. Er schrieb die jeweilige Bedeutung dahinter und versah sie dann mit seinem ganz persönlichen Kommentar. Er muss einen heimlichen Spaß daran gehabt haben, sich über die vielen Titel lustig zu machen. Manchmal offenbaren seine Ergänzungen auch Ärger mit den Titelträgern.

Er fing natürlich mit dem Papst an, dem Pontifex Maximus, mit der Anrede „Seine Heiligkeit" und schrieb dahinter: „Putzt täglich seinen Heiligenschein".

Dann kam der Apostolische Nuntius. Dahinter schrieb er: "Apostolischer Nichtsnutz".

Es ging weiter mit den Kardinälen. Sie wählen den Papst im Konklave. Sein Kommentar: „Konkluge".

Kurienkardinäle bezeichnete er als „Kurierkardinäle".

Es folgten die Bischöfe und Erzbischöfe. Letztere beförderte er zu „Argbischöfen". Einen hatte er namentlich aufgeführt und mit dem Hinterteil des Menschen in Verbindung gebracht, dann aber durchgestrichen. Vielleicht hatte es ja eine Versöhnung gegeben.

Es tauchte auch der Name eines Bischofs auf, der ein Suffraganbischof war. Er hatte das Wort Suff unterstrichen.

Die Weihbischöfe verwandelte er in „Weinbischöfe" und malte eine Träne dazu. War es vielleicht seine?

Schließlich kam der Generalvikar. „Generalfakir" lautete seine Umbenennung.

Den Titel Offizial kommentierte er mit „Bischöflicher Offizier". Pfarrer, Pastöre und Kapläne erhielten die gemeinsame Bezeichnung „Bodenpersonal".

Schließlich folgten die päpstlichen Ehrentitel.

Hinter Prälaten schrieb er „Gürtelrose", hinter Monsignore „päpstlicher Knabensänger", hinter Päpstlicher Protonotar „Päpstlicher Proletarier". Hinter alle Titelträger mit roter oder violetter Gewandung einschließlich Domkapitulare schrieb er „Krampfadern am geheimnisvollen Leib Christi".

Die Angehörigen mussten lachen, als sie die Notizen ihres geistlichen Onkels lasen und erzählten das eine oder andere gerne weiter.

Briefe an den Bischof

Wahrscheinlich gibt es sie immer schon: die Petzer. Bischöfe können davon ein Lied singen. Nach dem letzten Konzil, das traditionelle Formen des kirchlichen Lebens änderte, erhielten sie vermehrt Briefe von den Erzkonservativen. Diese achten mit Argusaugen darauf, dass Priester und andere Mitarbeiter in den Gemeinden bei Gottesdiensten und anderen Aktivitäten die kirchlichen Regeln genau einhalten. Wenn schon Veränderungen, zum Beispiel in der Liturgie, dann soll alles so gestaltet werden, wie es das Konzil gemäß ihrer Interpretation beschlossen hat.

Manche dieser Briefschreiber wandern von Kirche zu Kirche auf der Jagd nach Grenzüberschreitungen durch Priester, Diakone und Gemeindereferenten beiderlei Geschlechts.

Da gab es nun einen Bischof, der seinen Sekretär damit beauftragte, diese Briefe zu lesen und zu beantworten. Er selber wollte sich mit dem „Kram", wie er sagte, nicht beschäftigen.

Der Sekretär übernahm die Aufgabe, schrieb aber immer so, als sei die Antwort vom Bischof persönlich. Er wusste zu genau, dass die Kläger eine Reaktion der „obersten Heeresleitung" erwarteten.

Einen Teil der Briefe konnte er ungelesen entsorgen, da sie anonym waren. Es fehlte ohnehin die Adresse, sodass die Weiterleitung in den berühmten Papierkorb richtig war.

Ohnehin waren sie oft unverschämt und eigentlich zum Lachen. Darin stand zum Beispiel: „Unser Kaplan macht vor dem Allerheiligsten nur eine kleine Verneigung und keine Kniebeuge. Wenn das am grünen Holz geschieht, was soll dann mit dem dürren geschehen?" Der Sekretär musste lachen, zumal er das „grüne Holz" kannte.

Die anderen Briefschreiber erhielten natürlich eine Antwort. Sie begann fast immer mit den Worten: „Vielen Dank für Ihre Aufmerksamkeit. Sie übernehmen damit einen Teil meiner Arbeit, denn als Bischof bin ich der Aufseher des Bistums." Dann ging der Sekretär im Namen des Bischofs auf die einzelnen Vorwürfe ein.

In einem Brief stand: „Bei der Zelebration der heiligen Messe steht die Pastoralreferentin nur einen Meter vom Altar entfernt, sodass der Eindruck der Konzelebration entsteht. Ich meine sogar, gehört zu haben, dass sie leise die Wandlungsworte mitsprach. Wenn Jesus das wüsste, würde er sich im Grabe umdrehen."

Die „bischöfliche" Antwort lautete: „Ich schlage Ihnen vor, der Referentin einen Zollstock zu überreichen mit dem Hinweis, doch bitte den Abstand von 2 Metern einzuhalten. Was das Umdrehen Jesu im Grab angeht, weise ich Sie freundlich darauf hin, dass sich das Umdrehen Jesu erübrigt, da er von den Toten auferstanden ist und das Grab nach christlicher Tradition als leer zu betrachten ist."

Ein weiterer Brief beklagte die Tatsache, dass viele Priester aus Gründen der Ökumene das Vaterunser durchbeten und auf das „Libera", „Erlöse uns" verzichten, was auf keinen Fall geduldet werden könnte. Der Sekretär schrieb an Stelle des Bischofs: „Sie haben Recht. Ich schlage Ihnen vor, die Auslassungen im Laufe des Jahres zu zählen, um mir dann zu Silvester die genaue Zahl mitzuteilen, damit ich sehen kann, ob es sich nur um eine lässliche oder eine schwere Sünde handelt."

Später war zu hören, dass die Klägerin mit der Zeit des Zählens müde wurde und von einer erneuten Klage Abstand nahm.

In einem anderen Brief regte sich jemand darüber auf, dass die Pastoralreferentin nach dem Evangelium gepredigt habe, was ja überhaupt nicht erlaubt sei.

Wieder stand in der bischöflichen Antwort nach dem Dank für die geschätzte Aufmerksamkeit, dass der Briefschreiber Recht habe, er solle allerdings prüfen, ob das Wort Predigt gefallen sei. Es könne sich nämlich lediglich um ein Glaubenszeugnis der Referentin handeln. Damit könne der zuständige Pfarrer sie durchaus beauftragen. So lief auch diese Klage ins Leere, und der Sekretär lachte sich eins ins Fäustchen.

In einem Brief beklagte sich eine Frau über Kommunionhelferinnen.

Einige hätten einen zu tiefen Ausschnitt, bei anderen könne man deutlich ihre Waden sehen. Die bischöfliche Antwort lautete: „Es gibt keine kirchliche Vorschrift zur Kleiderfrage bei den kirchlichen Diensten. Es genügt, dass sie ausreichend angezogen sind. Die Mode offenherziger Frauen in der Kirche wird dadurch ausgeglichen, dass die Priester in aller Regel zugeknöpft sind. Auch Sie können für sich diese Variante bevorzugen."

Wieder jemand schrieb: „Exzellenz, mein Gewissen verpflichtet mich dazu, Ihnen zur Anzeige zu bringen, dass unser Pfarrer sich während des Pfarrkarnevals öffentlich von einigen sehr hübschen Frauen mit Vergnügen küssen ließ. Schreiten Sie bitte ein!" Die Antwort des Oberhirten enthielt wieder den Dank für die Aufmerksamkeit und dann die Einlassung: „Sie betonen, dass der beklagenswerte Vorgang öffentlich war. Wäre Ihnen denn ein heimliches Küssen Ihres sonst geschätzten Pfarrers lieber gewesen?"

Schließlich fügte er noch hinzu, dass der Briefschreiber künftig auf die Anrede „Exzellenz" verzichten könne, da diese inzwischen eine Zigarettenmarke geworden sei und er ein passionierter Nichtraucher bleibe.

Ein Brief aus der Zeit von Papst Benedikt teilte dem Bischof mit, dass der Vikar zu Karneval im Gottesdienst einen Witz über den Heiligen Vater erzählt habe. Man hätte das Papomobil in Razomobil umgerüstet.

Es habe jetzt einen Vorwärtsgang und drei Rückwärtsgänge. Natürlich fehlte nicht der Zusatz: „Solche Scherze gehören nicht einmal in die Bütt, geschweige denn in den Gottesdienst." Die Antwort vom bischöflichen Stuhl lautete wie folgt:

„Weisen Sie den Vikar darauf hin, dass er sich geirrt habe. Das Papomobil ist in Wirklichkeit nicht umgerüstet worden. Beten Sie außerdem für das Seelenheil Ihres Vikars."

Einen Beschwerdebrief mit einem Zeitungsausschnitt aus der Bildzeitung gab der Sekretär an den zuständigen Regionalbischof weiter, weil hier ein Pfarrer sich zum Thema Sexualität äußerte. Der Weihbischof rief den Pfarrer an. „Ich muss dich tadeln", sagte er, „du hast dich in der Bildzeitung zu Fragen der Sexualität geäußert. Das ist nicht deine Aufgabe." Als der Priester die Frage an das geweihte Haupt stellte, seit wann er ein so dreckiges Blatt lese, war die Sache schnell erledigt.

So oder ähnlich ging die Sache mit den Beschwerdebriefen an den Bischof weiter. Bei der Bischofskonferenz gab der besagte Würdenträger die Methode seines Sekretärs an die anderen Bischöfe weiter und so manche „Probleme" lösten sich in Zukunft in Lachen auf.

Die Kartoffelgeschichte

Nach dem letzten Konzil hatte sich ein katholischer Pfarrer vorgenommen, die Bibel stärker unter das Volk zu bringen. Vielen war das aber einfach zu evangelisch. Für sie reichte es, wenn sie am Sonntag in der Kirche das Evangelium hörten.

Da kam der Pfarrer auf eine Idee.

Er kannte die Kartoffelgeschichte Friedrichs des Großen von Preußen.

Der wollte zur Bekämpfung der Hungersnot Mitte des achtzehnten Jahrhunderts von den Bauern Kartoffeln anbauen lassen. Doch die waren skeptisch dieser neuen Frucht gegenüber und befolgten den Kartoffelbefehl des Königs nur zögerlich. Auch die Kartoffelpredigten der Pastoren, die diese auf Befehl des Königs hielten, änderten nicht viel daran. Der König wusste aber, dass seine Untertanen gerne etwas taten, was verboten war. Er machte ein Experiment: Er ließ auf einem königlichen Feld besonders gute Kartoffeln anbauen und das Feld von Soldaten überwachen, damit niemand aus der Bevölkerung Kartoffeln stehlen konnte. Die Soldaten sollten aber nachts ihre Wache vernachlässigen. Das nun reizte die Bauern, heimlich vom Feld des Königs Kartoffeln zu stehlen und auf ihren Feldern anzubauen. So kam es denn, dass der Kartoffelanbau sich prächtig vermehrte und die Menschen weniger hungern mussten. Was ein Befehl nicht schaffte, gelang einem Verbot.

Nun wollte der katholische Pfarrer aber nicht den Kartoffelanbau fördern, sondern die Verbreitung der Bibel. Er kaufte kostengünstige Bibeln und legte sie in der offenen Kirche aus. Im Pfarrbrief schrieb er, dass sie dort zum Lesen auslägen, aber auf keinen Fall mitgenommen werden dürften. Kirchenwächter, die sich zeitweilig in der Kirche aufhielten, würden ein Auge auf jeden Bibeldiebstahl richten und den Dieben ins Gewissen reden. Der Erfolg blieb nicht aus.

Wie bei der Kartoffelgeschichte des Königs Friedrich von Preußen lief auch die Bibelgeschichte des Pfarrers. Er musste immer wieder Bibeln nachlegen und von Zeit zu Zeit sagen, dass wieder eine ziemliche Anzahl des Buchs der Bücher abhanden gekommen sei.

„Gewusst wie" dachte der Pfarrer und lachte heimlich.

Das Konfessionale

In einer Großstadt wirkte ein Allgemeinmediziner. Er hatte sich bewusst für diese Praxis entschieden, weil er immer den ganzen Menschen sah, so wie er war, mit Leib und Seele und auch mit seinen Lebensumständen. Zwar schickte er gelegentlich Patienten zusätzlich zu einem Facharzt, damit der sich ein krankes Organ noch einmal genauer anschaute, doch grundsätzlich war er der Auffassung, dass immer alles mit allem zu tun hat. Selbst bei einem Geschwür fragte er: „Was will denn da aus Ihnen heraus?" Bei „Rücken" fragte er den Patienten, ob ihn etwas stark belaste.

Auch stellte der Arzt fest, dass immer häufiger Patienten das Bedürfnis hatten, ihm etwas zu erzählen, was ihr Gewissen belastete.

Einem Freund sagte er einmal: „Ich werde immer mehr zum Beichtvater."

Um sich selbst aber nicht zu überlasten, kam er auf eine Idee. Er hatte bei einer Versteigerung einen alten Beichtstuhl erworben. Der stand zur Zierde in seinem großen Wohnzimmer. Er dachte, dass er den in seine Praxis bringen könne als Entsorgungsgerät für seelische Belastungen.

Gedacht, getan: Er stellte den Beichtstuhl in einen Raum seiner Arztpraxis, der bisher nicht genutzt wurde. An die Tür ließ er ein Schild mit der Bezeichnung „Konfessionale, Psychohygiene" anbringen. Er wusste genau, dass ein deutsches Wort nicht ziehen würde. Es musste Latein oder Griechisch sein, wie meistens in der Medizin. Das Türschloss versah er mit „frei" bzw. „besetzt" , so wie man es bei den Toiletten kennt.

Im Zimmer stand außer dem Beichtstuhl noch ein Tisch mit einem Stuhl. Auf dem Tisch lagen Fragebögen und ein Stift.

Auf den Fragebögen wurde kurz erklärt, dass es neben vielen anderen Ursachen für Krankheiten auch „autogene" Gründe geben könne. Das sei der Fall, wenn jemand durch sein persönliches Verhalten das eigene Leben und das anderer negativ beeinträchtigen würde. Diese Ursachen zu beheben, sei Aufgabe moderner Medizin.

Die Fragen auf dem Zettel, die man durch Ankreuzen beantworten konnte, lauteten kurz gefasst wie folgt:

Für Disharmonie in der Familie und anderen
Bereichen beigetragen?
häufig O | selten O | nie O

Das Leben anderer gefährdet?
häufig O | selten O | nie O

Rote Linien in der Sexualität überschritten?
häufig O | selten O | nie O

Fremdes Eigentum entwendet?
häufig O | selten O | nie O

Zum Schaden anderer gelogen?
häufig O | selten O | nie O

Fantasien, die zu verantwortungslosem Handeln führen können, genährt?

häufig O | selten O | nie O

Gedanken über Gott und seinen Willen verdrängt?

häufig O | selten O | nie O

Die für die Gesundheit wichtige Sonntagsruhe vernachlässigt?

häufig O | selten O | nie O

Es folgte die Aufforderung:

Füllen Sie den Fragebogen gewissenhaft aus und überlegen Sie, wie Sie künftig Mängel in Ihrer Lebensführung abstellen können.

Nach dieser Besinnung werfen Sie Ihren Zettel in den Schredder, der im offenen Beichtstuhl steht, und vernichten Sie Ihr Bekenntnis durch Betätigung des grünen Knopfes. Sie werden erleichtert sein.

Es gab noch eine Anmerkung:

Bei besonders schweren Belastungen empfehlen wir Ihnen ein Gespräch mit einem Seelsorger, den Sie vor allem in Klöstern, Wallfahrtsorten und Geistlichen Zentren finden können. Hier einige Adressen in erreichbarer Nähe: .... Von den Seelsorgern („Priester") erhalten sie, falls Sie gläubig sind und Ihr Fehlverhalten bereuen, gebührenfrei und ohne Krankenschein eine förmliche „Lossprechung" (Tiefenbefreiung).

Denken Sie an Ihre Gesundheit!

Das neue Angebot des Arztes wurde von den Patienten zunächst mit etwas Skepsis betrachtet. Wartende fragten die Arzthelferinnen, was das für ein Raum sei. Diese gaben gerne Auskunft und empfahlen die Benutzung, die übrigens kostenfrei war. Auch der Arzt schickte Patienten in sein Konfessionale.

Als Patienten die Erfahrung machten, dass sie in dem Zimmer Erleichterung erfuhren, die sich positiv auf ihre Genesung auswirkte, empfahlen sie es auch anderen. Mit der Zeit gab es sogar kleine Warteschlangen. Auch für den Arzt selber war die Anschaffung des Konfessionale in seiner Praxis lohnend. Er konnte damit zwar kein Geld machen, was ja das Bestreben von manchen Ärzten in der heutigen Zeit ist, aber er musste weniger „Beichtvater" spielen und hatte mehr Zeit, sich um die Symptome der Kranken zu kümmern.

Es war eine ernste Sache, die nicht zum Lachen war. Man sah aber, dass immer häufiger Patienten, die das Konfessionale des Arztes in Anspruch nahmen, mit einem Lächeln nach Hause gingen, was im Ganzen ihrer Gesundheit zu Gute kam.

Die Priester der Kirchengemeinden, deren Beichtstühle zu ungenutzten Museumsstücken geworden waren, wunderten sich ein wenig über die Verlagerung einer ursprünglich kirchlichen Einrichtung.

Lieder
zum Schmunzeln

Das Lied von der neuen Welt
oder *Die Bergpredigt Jesu*

(gesungen nach der Melodie von
„Herrn Pastor sien Kauh")

Kennt ihr all das neue Lied, neue Lied, neue Lied,
das die ganze Welt durchzieht,
von der neuen Welt ?
Gott bestellt, Gott bestellt, eine neue Welt,
Gott bestellt, Gott bestellt eine neue Welt.

Heute sind die Reichen froh, Reichen froh,
Reichen froh,
morgen ist es nimmer so
in der neuen Welt!
Gott bestellt …

Heute lacht so mancher Mann, mancher Mann,
mancher Mann,
morgen er nur weinen kann
in der neuen Welt!
Gott bestellt …

Mancher kauft sich Ruhm der Welt, Ruhm der Welt,
Ruhm der Welt,
morgen schon sein Glanz zerfällt
in der neuen Welt!
Gott bestellt …

Doch wer heute arm und klein, arm und klein,
arm und klein,
morgen wird er fröhlich sein
in der neuen Welt!
Gott bestellt …

Und wer heute Hunger hat, Hunger hat, Hunger hat,
morgen wird er mehr als satt
in der neuen Welt!
Gott bestellt …

Und wer heute weinen muss, weinen muss,
weinen muss,
morgen lacht er vor Genuss
in der neuen Welt!
Gott bestellt …

Die spaßige Litanei

(gesungen nach der Melodie:
Die Wissenschaft hat festgestellt, Mundorgel Nr. 217)

Wenn wir keinen Spaß verstehn, Spaß verstehn,
Spaß verstehn,
niemals uns im Tanze drehn, Tanze drehn,
Herr, befreie! Herr, befreie, Herr, befreie,
befreie uns alle davon!

Wenn wir nicht mehr lachen können, lachen können,
lachen können,
andern keine Freude gönnen, Freude gönnen,
Herr, befreie! Herr, befreie, Herr, befreie,
befreie uns alle davon!

Wenn wir keine Witze mögen, Witze mögen,
Witze mögen
und nicht in die Luft mal flögen, Luft mal flögen,
Herr, befreie! Herr, befreie, Herr, befreie,
befreie uns alle davon!

Wenn wir ziehn die Stirne kraus, Stirne kraus,
Stirne kraus,
Heiterkeit flieht unser Haus, unser Haus,
Herr, befreie! Herr, befreie, Herr, befreie,
befreie uns alle davon!

Wenn wir jammern Tag und Nacht, Tag und Nacht,
Tag und Nacht,
dass es keinen Spaß mehr macht, Spaß mehr macht,
Herr, befreie! Herr, befreie, Herr, befreie,
befreie uns alle davon!

Wenn wir nicht auf Gott vertraun, Gott vertraun,
Gott vertraun
und nicht froh nach oben schaun, oben schaun,
Herr, befreie! Herr, befreie, Herr, befreie,
befreie uns alle davon!

Zehn kleine Christen

Mission auf eine lustige Weise
Ein Lied zum Karneval

(Nach einer bekannten Melodie)

Zehn kleine Christen, am Kirchgang sich erfreun.
Der eine hat die Lust verlorn,
da waren's nur noch neun.

Neun kleine Christen, hab'n weiter mitgemacht.
Doch einer mocht' den Pfarrer nicht,
da waren's nur noch acht.

Acht kleine Christen, den Glauben sehr wohl lieben.
Doch einer fing zu zweifeln an,
da waren's nur noch sieben.

Sieben kleine Christen, beim Beten nie perplex.
Doch einer fand das langweilig,
da waren's nur noch sechs.

Sechs kleine Christen, des Pfarrers beste Trümpf'.
Doch einer machte nicht mehr mit,
da waren's nur noch fünf.

Fünf kleine Christen, der Pfarre schönste Zier.
Doch einer liebt den Sport viel mehr,
da waren's nur noch vier.

Vier kleine Christen, war'n immer noch dabei.
Doch einem war's bald einerlei,
da waren's nur noch drei.

Drei kleine Christen, beim Singen richtig high.
Doch einer mag die Lieder nicht,
da waren's nur noch zwei.

Zwei kleine Christen, die setzten sich noch ein.
Doch einer hielt die Treue nicht,
ein letzter blieb allein.

Der kleine Christ nun, rief seinen Freund herbei.
Er wollte nicht alleine sein,
da waren's wieder zwei.

Zwei kleine Christen, da und dort und hier
bewährten sich als Missionar,
da waren's wieder vier.

Vier kleine Christen, das wäre ja gelacht,
gewannen schnellstens vier dazu,
da waren's wieder acht.

Acht kleine Christen, ihr werdet es noch sehn.
Wenn du und ich hinzukommen,
dann sind es wieder zehn.

Noch'n Gedicht

Gelacht?

Frag dich jeden Tag auf' neue,
diese Frage niemals scheue:
Hab ich heute schon gelacht
und an Herrliches gedacht?

Schau das Eichhorn draußen an,
wie es lustig springen kann,
hopplahopp von Baum zu Baum,
Schwierigkeiten gibt es kaum.

Denk an deine schönen Träume,
wie du fliegst durch weite Räume,
Berge überwinden kannst,
Leib und Seele fröhlich tanzt.

Denk an Freunde, die dich mögen,
die dich aus der Patsche zögen,
wenn du ihre Hilfe brauchst,
weil du tief am Boden krauchst.

Lachen kann man jeden Tag.
Komik gibt es, nicht nur Plag.
Diese muss man nur entdecken.
Witziges will sich verstecken.

Glaube an die Ewigkeit,
dann ist Lachen nicht mehr weit,
weil der Tod dich nicht erschreckt.
Du wirst nachher auferweckt.